Sur la montagne

© 2017, Prohin, David et Anne-Laure
Edition : Books on Demand,
12 / 14 rond point des champs Elysées, 75008 Paris
Impression : BoD - Books on Demand Norderstedt, Allemagne
ISBN : 9782322140268
Dépôt légal : mars 2017

1
septembre

Voyant la foule, Jésus monta sur la montagne ; et, après qu'il se fut assis, ses disciples s'approchèrent de lui.

Pour entendre le Seigneur il faut monter sur la montagne. C'est parfois dur de monter sur une montagne... comme de lire tous les matins un verset de la Bible !

Mais si on le désire vraiment, on peut alors s'asseoir à ses pieds et écouter paisiblement les paroles merveilleuses qu'il a à nous dire.

Oui, je désire passer chaque matin un moment aux pieds du Seigneur pour apprendre quelque chose de lui.

Ma prière : Seigneur Jésus, aide-moi à prendre du temps pour t'écouter et te regarder afin de te ressembler.

2
septembre

Heureux ceux qui sont simples,
car le royaume des cieux est à eux !
Heureux ceux qui pleurent,
car ils seront consolés !
Heureux les humbles de cœur,
car ils hériteront la terre !

Le Seigneur va donner à ses disciples les étonnantes "recettes" du bonheur du royaume des cieux. Le royaume des cieux, c'est là où le Seigneur est reconnu comme roi.

Être humble, c'est ne pas se croire plus fort et plus intelligent que l'on est.

Heureux ceux qui pleurent ! Cela paraît bien curieux, mais n'as-tu jamais été heureux d'être consolé par ta maman ? Le Seigneur te dit aussi par le prophète Esaïe "Comme quelqu'un que sa mère console, ainsi moi, je vous consolerai".

Ma prière : Seigneur Jésus, sois vraiment le seigneur de mon cœur comme un roi qui dirige tout.

3
septembre

Heureux les miséricordieux, car ils obtiendront miséricorde!
Heureux ceux qui ont le cœur pur, car ils verront Dieu!

La miséricorde, c'est lorsqu'on ne donne pas ce que l'on mérite. Ce que nous méritons de la part de Dieu, c'est un rejet éternel loin de lui — l'enfer — à cause de notre péché.
Mais grâce au Seigneur Jésus et à sa mort sur la croix, si nous croyons en lui, nous avons le cœur pur — nous sommes sauvés — et nous pourrons voir Dieu.

Ma prière: Merci Seigneur Jésus d'avoir lavé mon cœur et aide-moi à user de miséricorde envers mes frères et sœurs et mes camarades.

4
septembre

Heureux ceux qui créent la paix autour d'eux,
car Dieu les appellera ses fils !
Heureux ceux qu'on persécute quand ils agissent comme Dieu le demande,
car le royaume des cieux est à eux !

Comment être de ceux qui créent la paix ? En refusant de te disputer, en ne provoquant personne, en essayant, par des paroles douces, d'apaiser la colère.
Tu ressembleras alors à Dieu comme un fils à son Père !
On se moquera peut-être de toi. Tant mieux ! Le Seigneur te récompensera en te donnant le vrai bonheur, tout au fond de ton cœur, un bonheur que rien ni personne ne pourra toucher.

Ma prière : Dieu et Père, fais de moi un ouvrier de la paix.

5 septembre

C'est vous qui êtes la lumière du monde. On n'allume pas une lampe pour la mettre sous un seau. Au contraire, on la place sur son support, d'où elle éclaire tous ceux qui sont dans la maison.
C'est ainsi que votre lumière doit briller devant les hommes, afin qu'ils voient le bien que vous faites et qu'ils louent votre Père qui est dans les cieux.

Si j'appartiens au Seigneur Jésus, je suis une lumière ! Mais attention, cette lumière peut être voilée ou même cachée... N'as-tu jamais joué avec une lampe de poche ? Si tu la places au fond de ton lit, tu sais bien que personne n'en voit la lumière... Alors, ne garde pas pour toi les qualités que le Seigneur te donne, mais que tout le monde autour de toi puisse en profiter.
Dieu pourra alors être honoré par ta conduite.

Ma prière : Merci Seigneur pour ta lumière versée en moi. Aide-moi à ne pas la voiler.

6
septembre

Moi je vous dis de ne pas vous venger de celui qui vous fait du mal.
Si quelqu'un te gifle sur la joue droite, laisse-le te gifler aussi sur la joue gauche.

Aïe ! Voilà peut-être un des passages les plus douloureux de la Bible…
Et pourtant, le Seigneur Jésus lui-même nous a montré l'exemple lorsqu'il était devant le tribunal des Juifs ou devant les soldats romains.
Se venger ! Se défendre ! Cela semble normal et même, ça fait du bien, quand on a souffert… "De toute façon, c'est pas de ma faute, c'est l'autre qui a commencé !" Peut-être, mais la paix du cœur que donne le Seigneur Jésus passe par l'amour, l'oubli de soi… et l'obéissance à sa Parole, même si, sur le coup, c'est très difficile.

Ma prière : Que je te ressemble Seigneur Jésus, pour ne jamais me venger ou me défendre. Aide-moi à croire que la joie de te suivre peut faire oublier toute douleur et toute honte.

7 septembre

Moi je vous dis : aimez vos ennemis et priez pour ceux qui vous persécutent. Ainsi vous deviendrez les fils de votre Père qui est dans les cieux.

Hier, le Seigneur nous a dit que nous ne devions ni nous venger, ni nous défendre. Aujourd'hui, il va encore plus loin en nous disant d'aimer nos ennemis. Impossible ? Non, Paul a écrit aux chrétiens de Rome que l'amour de Dieu est versé dans nos cœurs. Nous avons donc déjà cet amour en nous, mais il faut le laisser sortir.

Le résultat ? Il est merveilleux : nous serons des fils qui ressemblent vraiment à leur Père, plein d'amour pour tous.

Ma prière : Père, ouvre mon cœur pour que l'amour que tu y as versé puisse arroser les cœurs desséchés qui m'entourent.

8
septembre

Heureux l'homme qui ne marche pas selon les conseils des méchants, qui ne va pas se tenir sur le chemin des pécheurs, qui ne s'assied pas en compagnie des moqueurs.

La semaine dernière, le Seigneur Jésus t'a donné plusieurs "recettes" pour être heureux. Aujourd'hui, en voici une qui date peut-être du temps de Moïse: Depuis toujours, celui qui veut être heureux en restant fidèle à son Seigneur doit faire attention à ne pas ressembler aux méchants et à ne rien faire avec eux.

Les méchants sont ceux qui font du mal. Les pécheurs sont ceux qui n'obéissent pas à Dieu. Les moqueurs sont ceux qui ne tiennent pas compte de Dieu et du salut en Jésus-Christ.

Ma prière: Seigneur Jésus, aide-moi à choisir mes amis. Aide-moi à ne pas imiter ce qui ne te fait pas plaisir.

9 septembre

Toute sa joie, il la met dans la Loi de l'Éternel qu'il médite jour et nuit.
Il prospère comme un arbre planté près d'un courant d'eau.

Hier, tu as vu qu'il ne fallait pas se laisser influencer par le mal qui t'entoure. Mais pour avancer, nous avons absolument besoin d'être dirigés. C'est pour cela que nous devons lire la Bible avec joie, comme ce matin, pour pouvoir la méditer — c'est-à-dire y réfléchir — pour qu'elle nous guide toute la journée. Nous ressemblerons alors aux arbres d'une oasis dans le désert.

Ma prière: Seigneur Jésus, donne-moi d'aimer toujours plus lire la Bible. Qu'elle me fasse grandir comme l'eau fait croître un arbre.

10 septembre

Ils sont si nombreux ceux qui prétendent qu'il n'y a plus aucun secours pour moi auprès de Dieu.
Pourtant, ô Éternel, tu es pour moi un bouclier qui me protège.

Imagine qu'un jour, en classe, on parle de la peur. Tu lèves le doigt et, lorsqu'on t'interroge, tu dis tout fort, devant toute la classe : "Moi, quand j'ai peur, je prie le Seigneur Jésus. Je sais qu'il est vivant, qu'il m'aime et que je peux lui faire confiance. Alors, je n'ai plus peur."

Ne penses-tu pas que tu serais un peu comme celui qui a écrit ce psaume ? Chacun te dira — et peut-être même ton instituteur : "C'est n'importe quoi !", ou bien : "Dieu ne s'occupe pas de nous."

Mais toi, tu pourrais alors dire dans ton cœur: "Pourtant..."

Ma prière : Seigneur Jésus, toi qui es mon bouclier, aide-moi à chercher mon secours qu'en toi seul.

11
septembre

Je me couche et m'endors l'esprit serein; je me réveille en paix, car l'Éternel est mon soutien.

Est-ce que, toi aussi, tu fais des cauchemars? As-tu déjà eu peur lorsque, après un dernier bisou, la lumière s'est éteinte? Ne crains rien, le Seigneur est avec toi. Il se peut que tu fasses encore des cauchemars, même si tu pries pour ne plus en avoir. Parfois, cela est lié à ce que tu as mangé, ou regardé.

Mais les cauchemars peuvent être aussi pour ton bien, comme tout ce que le Seigneur permet. Même si on ne comprend pas toujours pourquoi il les permet, la Bible nous donne l'assurance que toutes choses arrivent pour notre bien.

Ma prière: Seigneur Jésus, garde mes yeux et mes pensées, de jour comme de nuit, et aide-moi à m'appuyer sur toi, à te faire confiance.

12 septembre

Tu mets dans mon cœur de la joie, plus qu'ils n'en ont jamais quand leurs moissons abondent, quand leur vin nouveau coule.

Il y a joie et joie... Tu as de la joie quand tout va bien, si tu as de bonnes notes en classe : c'est ce que traduit l'auteur de ce psaume par "quand les moissons abondent". Tu as aussi de la joie quand tu fais la fête, quand c'est ton anniversaire avec tous les cadeaux et tout le monde qui pense à toi. C'est l'image du vin.

Mais ces joies-là sont des joies qui passent.

Le Seigneur Jésus nous donne sa joie. Elle est bien supérieure aux autres. Il la met au fond de notre cœur, là où rien ni personne ne peut nous l'enlever.

Ma prière : Seigneur Jésus, remplis mon cœur de ta joie. Que je puisse goûter combien elle est meilleure que les joies du monde.

13
septembre

Dieu est mon bouclier.
Il sauve qui a le cœur droit.
L'ennemi se prépare des armes meur-
trières.
Il creuse en terre un trou profond, mais
dans son piège, c'est lui qui tombera.
Son mauvais coup se retournera contre lui,
et sa violence lui retombera sur la tête.

L'ennemi, c'est Satan. Il veut que nous soyons ses esclaves, pour nous faire du mal. Pourras-tu te défendre tout seul? Non. Il est trop fort. Mais si tu fais équipe avec Jésus, alors tu es vainqueur. Son bouclier te protégera de ses coups et il te montrera les pièges à éviter.

Ma prière: Seigneur Jésus, aide-moi à rester tout près de toi en t'obéissant. Montre-moi les pièges dans lesquels le diable veut me faire tomber et aide-moi à les éviter.

14 septembre

Quand je contemple le ciel que tes doigts ont formé, les étoiles et la lune que tes mains ont disposées, je me dis : "Qu'est-ce que l'homme pour que tu en prennes soin, et qu'est-ce qu'un être humain pour que tu t'intéresses à lui ?"

En classe, tu vas sûrement apprendre la théorie de l'évolution. Cette façon d'expliquer l'Histoire contredit la Bible. Le livre de la Genèse nous dit que Dieu a tout créé, sans rien "fabriquer", juste en parlant, parce qu'il est Dieu et tout-puissant.
Les hommes imaginent beaucoup de choses… Mais ils sont obligés d'admettre qu'il y a une volonté créatrice à l'origine.
Mais ce que tous ces savants refusent, c'est l'idée que cette "volonté créatrice" s'occupe de sa création…
Pourtant, c'est le Créateur lui-même qui le dit ; alors, qui veux-tu croire ?

Ma prière : Seigneur Jésus, merci parce que toi qui es si grand, tu prends soin de moi, même si je suis si petit.

15 septembre

Jean-Baptiste disait : "Bande de serpents ! Qui vous a enseigné à vouloir échapper au jugement divin qui est proche ? Montrez par des actes que vous avez changé de mentalité et ne vous mettez pas à dire en vous-même : Abraham est notre ancêtre."

Certaines personnes, rusées comme des serpents, pensaient qu'il suffisait d'être descendant d'Abraham pour être sauvé.
Je peux lire ma Bible tous les jours, aller à toutes les réunions, faire trois prières par jour comme Daniel, si je ne regrette pas mes péchés et que je ne change pas de vie : c'est du mensonge ! J'ai un masque de chrétien. Changer de vie prouve que le Seigneur agit au fond de mon cœur.

Ma prière : Seigneur Jésus, aide-moi à regretter profondément chaque péché et à l'abandonner.

16 septembre

Les gens demandaient à Jean-Baptiste :
"Que devons-nous donc faire ?"
Il leur répondit : "Celui qui a deux chemises
doit en donner une à celui qui n'en a pas et
celui qui a de quoi manger doit partager."

Celui qui accepte de partager n'est pas égoïste. Il est généreux. Il pense aux autres.
Le Seigneur Jésus nous en donne un parfait exemple :
Auprès de Dieu, tout est parfait et Jésus aurait pu y rester. Mais il a quitté le ciel pour partager avec nous une vie de souffrance sur la terre, pour nous racheter.
En plus, il veut partager sa vie éternelle avec toi puisque tu crois en lui.

Ma prière : Merci Seigneur Jésus pour ton grand amour qui veut tout partager. Aide moi aussi à partager ce que tu me donnes.

17 septembre

Des soldats demandèrent également à Jean-Baptiste : "Et nous, que devons-nous faire ?" Il leur dit : "Ne prenez d'argent à personne par la force ou en portant de fausses accusations, mais contentez-vous de votre solde."

Des soldats veulent changer de vie ! Jean va-t-il leur demander de devenir berger ou cordonnier ? Non, il leur demande simplement d'être honnêtes.

Et toi, qui désires honorer Dieu dans ta vie, dois-tu partir tout de suite comme missionnaire en Afrique ? Non, dans ta famille, avec tes voisins et parmi tes camarades de classe, tu peux témoigner par ta gentillesse et ton honnêteté.

Ma prière : Seigneur Jésus, aide-moi à te servir dans tous les détails de ma vie avec le cœur d'un grand missionnaire.

18 septembre

Après avoir passé quarante jours et quarante nuits sans manger, Jésus eut faim. Le diable, le tentateur, s'approcha et lui dit : "Si tu es le Fils de Dieu, ordonne à ces pierres de se changer en pains." Jésus répondit : "L'Écriture déclare : «l'homme ne vivra pas de pain seulement, mais de toute parole que Dieu prononce.»"

Le Seigneur Jésus avait faim, très faim ! Est-ce mal de manger ? Est-ce mal de faire un miracle quand on est le Seigneur ? Non, mais le Seigneur ne veut pas obéir au diable. Le Seigneur ne veut pas faire de miracle pour lui-même. Le diable voudrait faire de Jésus un magicien... Mais Jésus est parfait, il ne tombe pas dans ce piège et il récite au diable un verset qu'il est en train de vivre !

Ma prière : Seigneur Jésus guide mes prières. Aide-moi à ne rien désirer pour mon plaisir, mais seulement pour que toi tu aies du plaisir en moi.

19
septembre

Le diable emmena Jésus sur le sommet du temple et lui dit : "Si tu es le Fils de Dieu, jette-toi en bas ; car la Bible déclare : «Dieu donnera pour toi des ordres à ses anges et ils te porteront sur leurs mains pour éviter que ton pied ne heurte une pierre.»"

Jésus lui répondit : «La Bible déclare aussi : «Ne mets pas à l'épreuve le Seigneur ton Dieu.»"

Le diable connaît la Bible ! Attention, il sait l'utiliser pour nous tromper. Mais c'est toujours par un bout de verset, coupé du reste du texte.

Attention à ne pas "forcer la main" de Dieu. Par exemple, à ne pas dire "je peux faire ci ou ça, de toute façon Dieu me garde..." Si Dieu est mon Seigneur, alors ce n'est pas moi qui commande, c'est à moi d'obéir !

Ma prière : Seigneur Jésus, aide-moi à bien comprendre la Bible et à ne jamais te forcer la main...

20 septembre

Le diable dit à Jésus : "Je te donnerai tout le monde, si tu te mets à genoux devant moi pour m'adorer."
Alors Jésus lui dit : "Va-t'en, Satan ! Car la Bible déclare : «Adore le Seigneur ton Dieu et ne rends de culte qu'à lui seul.»"

Qui règne aujourd'hui sur le monde ? Le diable bien sûr. Et voilà qu'il accepte de donner tout cela à Jésus si celui-ci se met à genoux pour l'adorer ! Hop, en une minute Jésus pouvait posséder le monde ! Quelle tentation ! Mais Jésus, parfaitement obéissant à la Bible, sait que l'on ne doit adorer que Dieu. Il fait alors rater le piège du diable qui voulait le mettre à ses pieds, en faire son serviteur.
S'il te suffisait d'embrasser une carte pokémon pour recevoir tous les playmobils du catalogue de Noël, que ferais-tu ?

Ma prière : Toi, Seigneur Jésus, qui as renoncé à la gloire par obéissance, aide-moi à obéir à ta parole quoi qu'il puisse m'en coûter.

21 septembre

Après avoir achevé de tenter Jésus de toutes les manières, le diable s'éloigna de lui jusqu'à une autre occasion.

Après quarante jours sans manger, le Seigneur a résisté à trois attaques terribles du diable. Le diable est vaincu. Il s'en va.

Si tu résistes au diable, il s'enfuit loin de toi. Mais s'il voit que tu hésites, s'il pense qu'il a une petite chance de te faire tomber, alors il va s'acharner sur toi.

• Un truc : Dès que tu te sens tenté, il faut dire "NON" au diable À HAUTE VOIX.

Ma prière : Seigneur Jésus, je reconnais que c'est trop dur de résister au péché. Mais je veux te faire plaisir, alors donne-moi la force de dire non.

22 septembre

Un jour, le Seigneur donna cet ordre à Jonas :
"Lève-toi, va à Ninive, la grande ville. Prononce des menaces contre elle, car j'en ai assez de voir la méchanceté de ses habitants."
Mais Jonas décida de fuir loin du Seigneur.

Qu'est-ce qu'il avait de la chance, Jonas ! Le Seigneur lui parlait directement ! Dans ces conditions, cela paraît facile d'obéir ! Il suffit de faire ce que l'on a entendu... Eh bien non. Jonas n'obéit pas. Au contraire : il veut s'enfuir, loin du Seigneur !
Que fais-tu quand tu lis dans ta Bible ce que le Seigneur attend de toi ? Est-ce que tu obéis ou préfères-tu fuir ?
Et quand tes parents te disent de ranger ta chambre ou de faire tes devoirs ?

Ma prière : Seigneur Jésus, aide-moi à obéir et à écouter ta voix quand je lis ma Bible.

23
septembre

*Jonas adressa cette prière au Seigneur :
"Ah, Seigneur, voilà bien ce que je crai-
gnais, et c'est pourquoi je me suis dépêché
de fuir : je savais que tu es un Dieu bienveillant et compatissant, patient et d'une
immense bonté, toujours prêt à revenir sur
tes menaces."*

Jonas a refusé d'obéir au Seigneur et n'a pas voulu
avertir les habitants de Ninive du jugement qui
devait tomber sur eux. Ce n'est pas parce qu'il avait
peur de ces gens si méchants. Mais il craignait qu'ils
reconnaissent leur méchanceté et que Dieu leur
pardonne. Dans ce cas, les jugements annoncés
n'auraient pas lieu et Jonas craignait de passer pour
un menteur... Il aimait mieux sa réputation que les
habitants de Ninive.
Et moi, qu'est-ce qui m'empêche de parler du
Seigneur ?

**Ma prière : Seigneur Jésus, aide-moi à aimer mes
voisins et mes camarades comme ils sont et à vouloir leur bien. Fais qu'ils croient en toi, s'il te plaît.**

21 septembre

Le Seigneur déchaîna un vent violent sur la mer. Il y eut une telle tempête que le navire semblait prêt à se briser. Les marins eurent très peur, chacun appela son propre dieu à grands cris.

Les marins du bateau ne croient pas en Dieu. Tant que tout va bien, ils ne pensent pas du tout à lui. Mais dès que les problèmes arrivent, vite, vite, ils cherchent un dieu qui pourrait les aider.
Le Seigneur veut nous aider quand on a des problèmes, mais il aime que l'on pense à lui en tout temps, pas seulement quand tout va mal.
Penses-tu à lui dire "merci", quand tout va bien?

Ma prière : Seigneur Jésus, merci pour tout ce que tu me donnes. Merci pour mon papa, ma maman, merci parce que je suis en bonne santé. Je t'aime, Seigneur.

25 septembre

Le capitaine du navire s'approcha de Jonas et l'interpella ainsi: "Que fais-tu là? Tu dors? Lève-toi donc, appelle ton dieu au secours! Il se souciera peut-être de nous, lui, et ne nous laissera pas mourir."
Jonas leur répondit: "Je suis hébreu et j'adore le Seigneur, le Dieu qui est au ciel et qui a créé les mers et les continents."

Les marins ont prié leurs dieux, mais la tempête est toujours aussi forte: leurs dieux ne peuvent ni entendre, ni agir: ce ne sont que des idoles. Dans ce bateau, il n'y a qu'un homme qui connaît le seul vrai Dieu: c'est Jonas, mais il dort!
Tu es peut-être le seul enfant dans ta classe qui croit au Seigneur Jésus. Est-ce que tu pries pour tes amis, afin que Dieu les sauve, ou est-ce que tu dors?

Ma prière: Merci Seigneur parce que je te connais. Réveille-moi pour que je parle de toi à ceux qui m'entourent.

26 septembre

Jonas leur dit : "Je le reconnais, c'est par ma faute que vous subissez cette grande tempête."
Jonas pria : "Quand j'étais dans la détresse, j'ai crié vers toi, Seigneur, et tu m'as répondu."

Tant que Jonas s'enfuyait loin du Seigneur, il ne pouvait pas lui parler, il ne pouvait plus prier. Il faut d'abord qu'il reconnaisse ce qu'il a fait de mal (son péché) pour pouvoir ensuite s'approcher à nouveau du Seigneur.
Quand on fait une bêtise, on ne se sent pas bien. Et plus on attend avant de confesser sa faute, plus c'est dur de le faire.
Le Seigneur est mort sur la croix pour tous nos péchés, mais, dès que l'on en a fait un, il faut quand-même le lui dire.

Ma prière : Seigneur Jésus, montre-moi ce qui ne va pas dans ma vie et aide-moi à te dire tout ce que je fais de mal et qui pèse sur mon cœur, pour pouvoir rester toujours près de toi.

27 septembre

Une deuxième fois, le Seigneur donna cet ordre à Jonas : "Lève-toi, va à Ninive et fais-y entendre le message dont je te charge." Cette fois-ci, Jonas obéit. Les habitants de Ninive prirent au sérieux la parole de Dieu.

Le Seigneur a envoyé beaucoup de prophètes au peuple d'Israël, qui ne les a pas écoutés. Et voilà que les habitants de Ninive, qui étaient des ennemis d'Israël et qui ne connaissaient pas personnellement le Seigneur, écoutent tout de suite ce qu'il a à leur dire et se repentent.
C'est très encourageant de parler du Seigneur à des personnes qui écoutent et qui croient… C'est beaucoup plus difficile de le faire quand on reçoit des moqueries.

Ma prière : Seigneur Jésus, donne-moi le courage de parler de toi, même si on se moque de moi.

28 septembre

"As-tu raison d'être en colère?" lui deman-
da le Seigneur.
- "Oui, j'ai de bonnes raisons d'être en colè-
re au point de désirer la mort."

Jonas aurait dû être content de voir que toute la ville de Ninive l'a écouté... Même le roi a cru à ce qu'il a dit!
Au contraire, Jonas se met en colère. Même quand Dieu lui fait comprendre qu'il ne devrait pas être fâché, il continue. Si c'était un enfant, on dirait: "Oh! Le vilain caprice! Ce n'est pas bien de bouder." Tu vois, même les grands peuvent en arriver là. Il faut apprendre dès que l'on est petit à ne pas se mettre en colère. C'est le Seigneur qui nous le demande: "Que votre douceur soit connue de tous les hommes."

Ma prière: Seigneur Jésus, aide-moi à ne pas me mettre en colère

29 septembre

Nous vous annonçons le message de celui qui est la vie. Nous vous annonçons ce qui était dès le commencement : nous l'avons entendu, nous l'avons vu de nos propres yeux, nous l'avons contemplé et nos mains l'ont touché.

Ce verset est tiré de la première lettre de l'apôtre Jean. Quel privilège il a eu de pouvoir entendre, contempler et même toucher le Seigneur !
Toi qui as reçu le message de Jésus, celui qui est la Vie, tu peux encore l'entendre te parler par un verset et tu peux le contempler en lisant les évangiles...
"Oui, mais c'est pas en vrai !"
Bien-sûr, mais, quand le disciple Thomas a voulu le toucher "en vrai de vrai", le Seigneur a répondu : "Bienheureux ceux qui n'ont pas vu et qui ont cru."

Ma prière : Seigneur Jésus, aide-moi à te connaître toujours mieux. Tiens mon cœur près du tien pour que chaque jour je ressente ta présence, comme si je pouvais te toucher.

1 Jean 1. 8, 9

Si nous prétendons être sans péché, nous nous trompons nous-même, et la vérité n'est pas en nous. Mais si nous confessons nos péchés, il est fidèle et juste pour nous pardonner nos péchés et nous purifier de tout mal.

Le péché, c'est ce que l'on fait et qui ne plaît pas à Dieu. Qui n'a jamais péché ? Jésus seul.

Imagine que tu aies emprunté des sous à l'un de tes camarades pour t'acheter des bonbons et que tu doives lui rendre l'argent avant la fin de la semaine. Tu ne vois pas du tout comment y arriver… Tu sais bien que tes parents accepteraient de payer ta dette, mais si tu ne leur dis pas…

Avec le péché, c'est pareil. Si je ne veux pas reconnaître mon péché, je ne peux pas être pardonné. Mais si je le confesse, c'est-à-dire si je raconte à Dieu ce que j'ai fait en reconnaissant que c'est mal, alors je peux avoir confiance : je suis pardonné.

Ma prière : Ô Dieu, aide-moi à reconnaître que je suis pécheur et à te confesser chaque péché. Merci parce que je suis assuré que tu me pardonnes à cause de Jésus.

1

octobre

Mes chers enfants, je vous écris ceci afin que vous ne péchiez pas. Si, toutefois, il arrivait à quelqu'un de commettre un péché, nous avons un Défenseur auprès du Père : Jésus-Christ le juste.

Bien sûr, nous devons faire tous nos efforts pour éviter de pécher. Mais voilà ; cela nous arrive quand même...
Que va-t-il se passer ? Dieu va-t-il nous punir comme nous le méritons ? Non, car Jésus-Christ, qui se trouve à côté de lui, va alors dire : "J'ai déjà souffert pour ce péché, j'ai déjà enduré ta colère : tu peux pardonner !"

Ma prière : Seigneur Jésus, merci d'avoir offert ta vie pour apaiser la colère de Dieu à mon égard. Aide-moi à ne pas pécher.

2
octobre

Voici comment nous savons que nous connaissons le Christ : c'est parce que nous obéissons à ses commandements. Si quelqu'un dit "Je le connais" sans obéir à ses commandements, c'est un menteur et la vérité n'est pas en lui.

"Je suis chrétien !"
"Je connais Jésus !"
Peut-être, mais lui obéis-tu ?
Si je connais vraiment Jésus, son amour, son sacrifice à la croix, sa grandeur, sa patience… J'ai forcément envie de lui obéir !
Si j'ai de la peine à lui obéir, c'est que je le connais mal, que je comprends mal ses commandements.

Ma prière : Seigneur Jésus, je désire t'obéir mais pour cela j'ai compris qu'il faut que je te connaisse bien. Aide-moi à toujours mieux te connaître et à savoir ce que tu attends de moi.

3
octobre

Mes chers amis, ce n'est pas un nouveau commandement que je vous écris : il s'agit d'un commandement ancien que vous avez reçu dès le commencement.
En effet, voici le message que vous avez entendu dès le commencement : aimons-nous les uns les autres.

Voilà le commandement du Seigneur auquel on doit impérativement obéir sous peine d'être un menteur. "Aimer" c'est un ordre !
Aimer ce n'est pas seulement ressentir de la joie dans son cœur quand on voit une personne.
Aimer c'est un acte volontaire qui me pousse à rechercher en toute chose le bien de l'autre.

Ma prière : Seigneur Jésus, aide-moi à VOULOIR aimer tout le monde. Aide-moi à le montrer, tout particulièrement envers ceux que je n'aurais jamais pu aimer tout seul.

4
octobre

Celui qui prétend être dans la lumière tout en détestant son frère, est encore dans les ténèbres.
Celui qui aime son frère demeure dans la lumière [...] aucun obstacle ne risque de le faire tomber.

Les hommes disent "l'amour rend aveugle". C'est normal, ils ne connaissent pas le vrai amour. Cet amour-là ne vient que de Dieu.
Comme Dieu est lumière, son amour en nous nous éclaire.
La lumière de Dieu ne pourra briller en moi que si j'ai la ferme volonté de ne détester personne.
"Même celui-ci, qui est si grossier, si méchant et qui en plus se moque de Dieu?"
Oui, même lui, car Dieu l'aime et il veut que cet amour passe par toi.

Ma prière: Seigneur Jésus aide-moi à ne jamais détester quelqu'un.

5 octobre

Je vous écris ceci, enfants : vos péchés vous sont pardonnés à cause de ce que Jésus-Christ a fait.

Il faut souvent faire très attention aux moindres détails d'un verset.
"Vos péchés vous sont pardonnés."
Question : A quel temps est cette phrase ?
Réponse : Au présent.

"À cause de ce que Jésus-Christ a fait", tes péchés sont pardonnés dès aujourd'hui et pour l'éternité !

Ma prière : Merci, Seigneur Jésus, pour ce que tu as fait, en venant mourir sur la croix pour que Dieu puisse pardonner mes péchés.

6 octobre

C'est toi qui me fais remonter des portes de la mort pour publier tes louanges et pour que je sois dans l'allégresse de t'avoir pour Sauveur.

Quand on est mort, on n'a plus de relation avec les vivants. La Bible nous parle de deux morts différentes.

Il y a celle du corps qui atteint un jour les hommes et les bêtes, et il y a celle de l'âme. Cette seconde mort est celle qui nous prive dès notre naissance de toute relation avec Dieu.

C'est de cette mort-là dont parle le roi David dans ce psaume.
Recherche dans le verset pourquoi l'Éternel l'a délivré de cette mort-là.

Tout homme à sa naissance

Quelqu'un de sauvé

Un inconverti qui est mort

Un croyant qui est mort

Ma prière : Seigneur Jésus, remplis mon cœur de joie parce que tu es mon Sauveur. Aide-moi à te louer en chantant les cantiques que je connais.

7 octobre

Le méchant, dans sa fierté, déclare : "Dieu n'existe pas." Il ne va pas plus loin c'est là le fond de sa pensée.
L'Éternel est Roi à jamais, et toutes les nations qui ne croient pas en lui disparaîtront de son pays.

Beaucoup, autour de toi, disent peut-être "Dieu n'existe pas". Ce n'est donc pas nouveau comme réflexion ! Ils sont contents, soulagés, ils n'ont, comme cela, de compte à rendre à personne. "Ils ne vont pas chercher plus loin..."
Et c'est terriblement dommage car Dieu existe et ils disparaîtront de son pays, le ciel.

Ma prière : Seigneur Jésus, s'il te plaît, pousse mes petits camarades de classe, ma maîtresse et mes voisins à "aller plus loin", à croire que tu existes, à comprendre que tu les aimes.

8 octobre

Oui, j'ai fait mon refuge de l'Éternel.
Pourquoi alors me répéter : "Prends ton vol,
comme un petit oiseau, afin de fuir dans les
montagnes" ?

On propose au roi David de fuir. Par deux fois, dans sa vie, il devra fuir. Devant le roi Saül et devant son fils Absalom.
On ne sait dans quelles circonstances il a écrit ce psaume, mais ce dont on est sûr, c'est qu'il ne mettait pas sa confiance dans la fuite mais dans l'Éternel.
Parfois il faut fuir, d'autres fois il faut résister… Mais il faut toujours chercher son refuge en Jésus !

Ma prière : Seigneur Jésus, aide-moi à te faire toujours confiance.

9

octobre

Au secours, ô Éternel! Il n'y a plus d'homme pieux, on ne peut plus se fier à personne. Chacun trompe son prochain. Éternel, tu tiens parole et tu nous protégeras toujours contre ces individus.

Le diable est trompeur.
Les hommes sont trompeurs.
Et Dieu demande à ses enfants d'être honnêtes!
On a alors envie de crier:
"Mais je vais me faire rouler toute ma vie!"
ou
"Je ne veux pas passer pour un pigeon!"
C'est vrai que c'est difficile de rester honnête quand tout le monde triche. Mais nous savons que "Jésus nous protégera toujours".

Ma prière: Seigneur Jésus, délivre-moi de la peur d'être trompé et donne-moi l'assurance de ta protection même quand on me trompe.

10 octobre

Verset 3 : Jusques à quand aurai-je des soucis et des chagrins au cœur à longueur de journée ?
Verset 6 : Pour moi, j'ai confiance en ta bonté. La joie remplit mon cœur à cause de ton grand salut. Je veux chanter en ton honneur, ô Éternel, tu m'as comblé de tes bienfaits.

Que s'est-il passé ? Dieu a-t-il supprimé tous les problèmes du roi David, auteur de ce psaume, entre le verset 3 et le verset 6 ?
Non, ses problèmes sont les même. C'est sa manière de les voir qui a changé ! Il a simplement exposé au Seigneur tout ce qu'il avait sur le cœur et le Seigneur lui a immédiatement répondu en lui redonnant confiance et joie.

Ma prière : Seigneur Jésus, apprends-moi à me décharger sur toi de tous mes soucis. Merci parce que tu veux me donner ta joie.

11 octobre

Ils se sont tous égarés, tous sont corrompus, plus aucun ne fait le bien, même pas un seul.

Les hommes disent : "l'homme est bon". Mais Dieu, que dit-il de l'homme ?
L'homme ne veut pas être pourri — ou corrompu. Il ne veut pas se reconnaître pécheur. Il ne veut pas avoir à demander pardon… Aussi, il ne peut recevoir ce pardon !
Tous, nous avons besoin de nous repentir, même moi, même toi.

Ma prière : Oui Seigneur Jésus, je reconnais que je suis mauvais et pécheur, comme tout homme. Merci parce que tu m'as lavé de ce péché par ta mort sur la croix.

12 octobre

Pensez-vous pouvoir ruiner l'espoir des petits ?
L'Éternel est leur refuge.

Les petits, c'est toi, c'est moi, c'est tous ceux qui acceptent d'être petits devant Dieu pour recevoir son salut.
Tous les grands, dans ce monde, veulent combattre notre espérance. Ils se moquent du Seigneur, de sa vie, de sa mort... Ils ne croient pas à la résurrection ni à l'éternité de bonheur que Jésus nous a promise auprès de lui.
Ces moqueries vont-elles ruiner mon espérance ?
Quel est mon abri ?

Ma prière : Seigneur Jésus, aide-moi à m'abriter en toi pour que les moqueries et les doutes du monde ne ruinent pas mon espérance.

13 octobre

Matthieu 6. 1, 4

Prenez garde de ne pas accomplir devant les hommes, pour vous faire remarquer par eux, ce que vous faites pour obéir à Dieu, sinon vous n'aurez pas de récompense de votre Père céleste.
Que ton aumône se fasse ainsi en secret ; et ton Père qui voit dans le secret te le rendra.

Quand on fait du bien, on aime être récompensé. C'est normal.
Mais ce bien, je le fais pour qui ? Et de qui est-ce que j'attends ma récompense ?
Si je fais le bien de manière très visible, ceux qui sont autour de moi me trouveront bien gentil, ils auront une bonne opinion de moi...
Mais si personne ne voit ce que tu fais pour obéir à Dieu, lui qui sait tout te récompensera.
Attention toutefois à ne pas faire semblant de le cacher, on ne trompe pas Dieu !

Ma prière : Seigneur Jésus, travaille dans mon cœur pour que je cherche à ne plaire qu'à toi.

14 octobre

Quand vous priez, n'imitez pas ces hypocrites qui aiment à faire leurs prières debout dans les synagogues et à l'angle des rues : ils tiennent à être remarqués par tout le monde. Vraiment, je vous l'assure : leur récompense, ils l'ont déjà reçue.
Mais toi, quand tu veux prier, va dans ta pièce la plus retirée, verrouille ta porte et adresse ta prière à ton Père qui est là dans le lieu secret

Comment est-ce que je suis en train de lire "Sur la montagne" ce matin ?
Est-ce que je suis content quand tout le monde voit — ou croit que je suis un "super-chrétien" qui lit la Bible et fait sa prière tous les matins ?

Ma prière : Seigneur Jésus, aide-moi à ne pas faire mon beau — ou ma belle — devant les autres, surtout avec les choses qui te concernent.

15 octobre

Dans vos prières, ne rabâchez pas des tas de paroles, à la manière des païens ; ils s'imaginent qu'à force de paroles Dieu les entendra. Ne les imitez pas car votre Père sait ce qu'il vous faut, avant que vous le lui demandiez.

"Super ! C'est plus la peine de prier puisque Dieu sait déjà tout !"
Oui, c'est vrai, Dieu connaît tout et sait parfaitement ce qu'il nous faut. Mais il aime à nous entendre lui parler... quand c'est sincère et de tout notre cœur !
Et pour nous, c'est merveilleux de pouvoir partager nos joies avec lui, lui dire merci et déposer devant lui nos soucis et nos peurs.
Ce n'est pas si nous parlons beaucoup que le Seigneur va nous écouter... Il nous écoute toujours. Et nous pouvons, si notre prière est sincère, la répéter tant que nous voulons, il ne s'en lassera pas.

Ma prière : Seigneur Jésus, merci parce que tu m'écoutes toujours. Aide-moi à te parler de tout mon cœur.

16 octobre

Priez donc ainsi :
Notre Père, toi qui es dans les cieux, que tu
sois reconnu pour Dieu, que ton règne
vienne, que ta volonté soit faite, et tout cela,
sur la terre comme au ciel.

Le Seigneur Jésus donne à ses disciples une prière modèle. Attention pourtant à ne pas la rabâcher comme il nous l'a dit hier !
Comment le Seigneur Jésus me propose-t-il de commencer ma prière ?

1. En me rendant compte à qui je m'adresse.
   Si je m'adresse à Dieu…
   …je ne vais pas demander n'importe quoi…
2. En le reconnaissant comme roi.
   Si je m'adresse à un roi…
   …ce n'est pas pour exiger mais pour demander une grâce.
3. En acceptant sa volonté AVANT de la connaître.
   Pour m'y soumettre avec joie…
   …même si c'est contraire à mes projets.

Ma prière : Seigneur Jésus, aide-moi à toujours me rendre compte, quand je prie, combien tu es grand et combien tu m'aimes.

17 octobre

Donne-nous aujourd'hui le pain dont nous avons besoin.

Maintenant que j'ai rappelé à qui je m'adresse (lecture d'hier), comment présenter mes demandes ?
Tu peux tout demander au Seigneur ! Et comme tu te souviens qui il est, tu pourras demander de grandes choses car il est tout-puissant, mais aussi des plus simples, comme la nourriture.
Comme tu peux le remarquer, c'est beaucoup plus court qu'hier... Ce n'est pas la peine d'en dire beaucoup car il sait mieux que nous, ce qu'il nous faut. De plus le Seigneur ne propose pas ici des sacs entiers de bonbons et des wagons de gâteaux, mais simplement du pain, juste ce dont on a besoin.

Ma Prière : Seigneur Jésus, aide-moi à penser à te demander tout ce dont j'ai besoin. Merci parce que je ne manquerai jamais de rien.

18 octobre

Verset 12 : ...pardonne-nous nos torts envers toi comme nous pardonnons nous-même les torts des autres envers nous. Verset 14 : En effet, si vous pardonnez aux autres leurs fautes, votre Père céleste vous pardonnera aussi. Mais si vous ne pardonnez pas aux hommes, votre Père ne vous pardonnera pas non plus vos fautes.

Le premier verset c'est la suite de la prière.
Le second c'est le commentaire qu'en fait le Seigneur Jésus.
Relis encore une fois ces deux versets...

C'est fait ?

Ton Père céleste a-t-il pu te pardonner tes fautes ? Si tu veux pouvoir répondre "OUI", alors il faut que tu aies pardonné à tout le monde !

Ma prière : Seigneur Jésus, aide-moi à pardonner de tout mon cœur à tout le monde pour que je puisse recevoir ton pardon et te ressembler.

19 octobre

Garde-nous de céder à la tentation, et surtout, délivre-nous du diable.

Même quand on a donné sa vie au Seigneur Jésus, il reste en nous quelque chose de notre ancienne vie. La Bible appelle cela la chair.
La tentation, c'est quand quelque chose attire notre chair vers le péché.
Le péché, c'est tout ce qui est contraire à la pensée de Dieu. La Bible appelle le diable le tentateur.
Il essaye par tous les moyens de pousser ta chair vers ce qui peut te tenter. Et une fois que tu es attiré, il essaye de te pousser à céder, à pécher!
Peux-tu résister tout seul à tes mauvais désirs? Peux-tu résister au diable?

Ma prière: Seigneur Jésus, je reconnais que je cède trop souvent aux tentations. Garde-moi de céder, aide-moi à fuir et surtout délivre-moi du diable.

20 octobre

Spécial thème
"Les armes"

Moïse bâtit un autel, et lui donna pour nom: "l'Éternel est ma bannière".

Puisque nous voulons suivre le Seigneur Jésus, le diable, notre ennemi, nous attaque. Il connaît bien nos points faibles.

Cette semaine, nous allons voir plusieurs sortes d'armes que des hommes de Dieu ont employées dans cette bataille.

Mais avant tout, il faut savoir sous quel drapeau on veut combattre. Sous le drapeau français, bleu, blanc et rouge ? Ça, c'est le drapeau de notre nation terrestre et, grâce au Seigneur, nous y vivons en paix, en ce moment.

Mais qu'est-il écrit sur le drapeau de ton cœur ? MOI ou JESUS-CHRIST ? Veux-tu combattre le mal tout seul, avec tes propres forces ou bien veux-tu laisser le Seigneur mener le combat ?

Ma prière : Seigneur Jésus, aide-moi à ne pas chercher à me débrouiller tout seul quand je suis en difficulté, mais à toujours compter sur toi.

21 octobre

Spécial thème
"Les armes"

Tant que Moïse tenait un bras levé, les Israélites étaient les plus forts dans la bataille.
Les bras de Moïse restèrent ainsi fermement levés jusqu'au coucher du soleil. Et Josué remporta une victoire complète sur l'armée Amalékite.

Maintenant que tu as choisi ton drapeau, il faut choisir tes armes pour combattre le diable. La première, c'est la prière. Dans la plaine du désert, Josué était armé "jusqu'aux dents", pour combattre les Amalékites. Mais toutes ses armes n'auraient servi à rien si Moïse n'avait pas prié sur la montagne. Quand il levait ses mains vers le Seigneur, Josué était le plus fort dans la bataille ; mais s'il laissait retomber ses bras, alors c'étaient les ennemis qui gagnaient. Il a dû prier pendant toute la bataille pour qu'Israël en soit vainqueur.

Ma prière : Seigneur Jésus, apprends-moi à persévérer dans la prière et à ne pas me décourager quand tu ne réponds pas tout de suite.

22 octobre

Spécial thème
"Les armes"

Le septième jour, vous ferez le tour de la ville sept fois, et les sacrificateurs sonneront des trompettes, et les murailles de la ville s'écrouleront sur place.

Les habitants de Jéricho ont vu arriver le peuple d'Israël. Alors ils ont vite fermé les portes de la ville et se sont cachés derrière. Ils savent que ce peuple a déjà remporté de nombreuses victoires, et ils ont peur.

Mais les soldats qui font le tour de la ville sont armés de... trompettes ! Ça alors, quelle drôle d'idée ! C'est à n'y rien comprendre !

Mais, c'est Dieu qui l'a commandé, et heureusement que les Israélites ont obéi... S'ils avaient dit : "C'est n'importe quoi, jamais on ne pourra vaincre Jéricho de cette manière-là !", les murailles ne seraient jamais tombées devant eux.

Ma prière : Seigneur Jésus, aide-moi à t'obéir même si je ne comprends pas toujours quelles sont tes raisons. Donne-moi la certitude que tu peux me donner la victoire.

23 octobre

Spécial thème "Les armes"

Gédéon et ses hommes sonnèrent des trompettes, et brisèrent les cruches : ils tenaient dans leur main gauche les torches, et dans leur main droite les trompettes pour sonner, et criaient : "L'épée de l'Éternel et de Gédéon !"
Et tout le camp des Madianites se mit à courir, et à pousser des cris, et à fuir.

Quelle panique dans le camp réveillé en sursaut ! Les Madianites entendent des cris, des trompettes, le fracas des cruches brisées et sont surpris par la lumière des torches. Ils ne savent plus ce qu'ils font et finissent par s'entre-tuer. Pourtant, ils étaient "nombreux comme des sauterelles ; et leurs chameaux étaient sans nombre", alors que Gédéon n'avait que 300 hommes avec lui !
Le diable aussi s'enfuira si nous proclamons haut et fort la puissance de Dieu. Plus besoin d'épée : la vie de Dieu en nous et la louange qu'elle produit nous donneront la victoire.

Ma prière : Seigneur Jésus, aide-moi à croire que ta puissance peut vaincre les difficultés, même les plus grandes.

24 octobre

Spécial thème "Les armes"

Et au moment où ils commençaient le chant de triomphe et la louange, l'Éternel mit des embûches contre les fils d'Ammon et de Moab qui venaient contre Juda, et ils furent battus.

Cette fois, ce n'est pas Dieu qui a ordonné au peuple d'Israël de combattre ainsi. C'est le roi Josaphat qui a choisi de mettre des chanteurs devant ses soldats, pour chanter leur confiance en l'Éternel: "Célébrez l'Éternel, car sa bonté demeure à toujours".

Le Seigneur aime qu'on lui fasse confiance. Il l'a montré en accordant à Josaphat et à tout le peuple cette victoire miraculeuse.

Ce n'est pas facile de chanter des cantiques quand on a peur ou quand on est triste. On a la voix qui tremblote… Pourtant, c'est dans ces moments-là qu'on en a le plus besoin et si tu essaies un jour, tu verras que cela fait beaucoup de bien.

Ma prière: Seigneur Jésus, aide-moi à te faire confiance en toutes circonstances et à chanter des cantiques ou à te parler, surtout quand c'est difficile.

25 octobre

> Spécial thème
> "Les armes"

David prit son bâton en main, et choisit, dans le torrent, cinq cailloux bien lisses qu'il mit dans son sac de berger et, sa fronde à la main, il s'avança vers le Philistin.

Quel âge avait David, quand il a combattu le Philistin ? La Bible ne le dit pas. Mais nous savons que c'était un "jeune garçon". Tu vois, il n'est jamais trop tôt pour être un petit soldat du Seigneur.
Les cinq pierres de David peuvent nous faire penser aux versets de la Bible. Quand nous disons des versets au bon moment, Dieu peut s'en servir pour toucher des cœurs. Mais pour cela, il faut les savoir ! Et pour les savoir, pas de secret : il faut les apprendre par cœur. Ce n'est pas toujours facile, mais ça vaut le coup.

Ma prière : Seigneur Jésus, aide-moi à apprendre bien comme il faut les versets de l'école du dimanche. Fais qu'ils entrent dans ma tête, mais surtout dans mon cœur.

26 octobre

Spécial thème
"Les armes"

L'Éternel jugera au milieu des nations; et de leurs épées ils forgeront des socs, et de leurs lances, des serpes: on n'apprendra plus la guerre.

Quand le Seigneur régnera sur la terre, les hommes n'auront plus besoin d'armes: il n'y aura plus de guerre. Pendant 1 000 ans, les hommes utiliseront toute leur énergie et les ressources de la terre pour cultiver et faire fructifier ce que Dieu mettra à leur disposition. Ce sera merveilleux!
Mais au fait, le Seigneur règne déjà! Pas encore sur la terre, mais dans le cœur de chaque croyant. Que trouve-t-il dans nos pensées? La violence des jeux vidéos ou des cantiques? Que trouve-t-il dans nos cœurs? De la colère ou des fruits?

Ma prière: Seigneur Jésus, aide-moi à accepter ton règne dans mon cœur et dans mes pensées. Change ma violence en douceur et ma colère en paix.

27 octobre

N'aimez pas le monde ni rien de ce qui fait partie de ce monde. Si quelqu'un aime le monde, l'amour pour le Père n'est pas en lui.

Le monde, c'est quoi ? Cela peut-être l'univers, la terre, tous les gens qui vivent dessus... Dans la Bible, cela représente souvent la manière de vivre des gens qui n'ont pas accepté Jésus comme roi dans leur cœur.

Imagine que certains de tes camarades se moquent de ton papa et lancent des cailloux sur sa voiture. Pourrais-tu trouver du plaisir à rire avec eux ? Non, toute la méchanceté qui les anime te ferait horreur !

C'est la manière de vivre de gens sans vraie relation avec Dieu qui les a poussés à rejeter et crucifier Jésus. Si j'ai compris l'amour de mon Père céleste, je ne peux aimer cette manière de vivre.

Ma prière : Seigneur Jésus, remplis-moi de ton amour pour que je ne sois pas attiré par la manière de vivre du monde.

28 octobre

Tout ce qui fait partie du monde : les mauvais désirs qui animent l'homme livré à lui-même, la soif de posséder ce qui attire les regards, et l'orgueil qu'inspirent les biens matériels, tout cela ne vient pas du Père, mais du monde.

Les mauvais désirs, la soif de posséder, l'apparence, l'orgueil, voilà la vie du monde. Si tu fais attention, tu verras que c'est le sujet de beaucoup de romans, de films, de dessins animés et de jeux vidéos...
Désirer, posséder, pouvoir montrer avec fierté ce que l'on a, c'est la joie du monde et c'est ce vers quoi il nous pousse.
-"T'as vu mes «Nike®» ?
- Ouais, super ! Et toi, vise un peu mon sac «Chipie®» ! C'était le plus cher..."

Ma prière : Seigneur Jésus, délivre-moi du désir de tout posséder et de paraître. Aide-moi à ne pas me laisser influencer par les copains et la pub.

29 octobre

Le monde passe avec tous ses attraits, mais celui qui accomplit la volonté de Dieu demeure éternellement.

Si je te dis : "Pantalons à pattes d'éléphant", que réponds-tu ? Peut-être : "Super ! C'est trop top !"
Eh bien sais-tu que, pour tes parents, il n'y a rien de plus vieillot ? Par contre, les copines de ta grand-mère en ont certainement toutes porté.
La mode change, le monde change, mais surtout, il passe. Ce monde a une fin. Les hommes en parlent parfois ; Dieu, lui, en a déterminé le jour.
Tout ce que nous faisons pour Dieu et surtout ce que nous le laissons faire en nous, il le gardera en souvenir pour l'éternité.

Ma prière : Seigneur Jésus, délivre-moi de la mode et aide-moi à rechercher ta volonté et à la faire.

30 octobre

1 Jean 2. 23

Tout homme qui nie que Jésus est le Fils de Dieu ne connaît pas non plus le Père. Celui qui reconnaît que Jésus est le Fils de Dieu, connaît aussi le Père.

Qui oserait dire que Jésus n'a pas existé ? Beaucoup de savants acceptent le fait que Jésus a vraiment vécu sur la terre. Ils sont bien obligés de reconnaître que sa vie a influencé des multitudes de gens depuis plus de 2000 ans. Mais si, pour eux, il reste un homme parmi d'autres, cela ne leur sert à rien.

Si je ne reconnais pas Jésus comme étant le Christ, le Fils de Dieu, je ne pourrai jamais

> avoir de relation avec Dieu
> le connaître comme un Père
> être sauvé.

Ma prière : Merci Seigneur Jésus parce que tu as mis dans mon cœur la certitude que tu es le Fils de Dieu. Fortifie-moi dans cette certitude.

31 octobre

Voyez combien le Père nous a aimés pour que nous puissions être appelés enfants de Dieu — et nous le sommes !
Voici pourquoi le monde ne reconnaît pas qui nous sommes : c'est qu'il n'a pas connu le Christ.

Jésus est le Fils de Dieu. Mais Dieu, s'il a un seul "Fils", a aussi voulu adopter des enfants. Et il nous a tellement aimés qu'il nous a choisis pour être ses enfants. Si nous disons à quelqu'un qui ne connaît pas la Bible : "Je suis un enfant de Dieu", il ne comprendra pas bien. C'est normal. Il faut d'abord apprendre à connaître le Seigneur Jésus pour comprendre l'amour du Père céleste...

Ma prière : Merci, mon Dieu, parce que tu m'as tellement aimé que tu as voulu faire de moi ton enfant. Merci parce que je te connais comme un Père.

1

novembre

Mes chers amis, dès à présent nous sommes enfants de Dieu et ce que nous serons un jour n'a pas encore été rendu manifeste. Nous savons que lorsque le Christ paraîtra, nous serons semblables à lui, car nous le verrons tel qu'il est.

Dès que nous acceptons Jésus pour Seigneur, Dieu nous adopte. Nous devenons ses enfants déjà sur la terre. Mais nos corps ne changent pas.
Le but de Dieu, c'est de nous rendre semblables à Jésus. Cette transformation aura lieu lorsque le Seigneur Jésus nous appellera au ciel.
Nous ne savons pas exactement comment nous serons. Nous ne pouvons pas l'imaginer.
Mais faisons-lui confiance : c'est lui qui nous aime, c'est lui qui nous veut avec lui et il accomplira ce qu'il a promis.

Ma prière : Merci Seigneur Jésus parce que, non seulement tu me donnes la vie éternelle, mais en plus, tu veux que je sois semblable à toi.

2
novembre

Nous savons que lorsque le Christ paraîtra, nous serons semblables à lui, car nous le verrons tel qu'il est. Tous ceux qui fondent sur le Christ une telle espérance se rendent eux-mêmes purs, tout comme le Christ est pur.

Bientôt, le Seigneur Jésus va nous attirer à lui, dans le ciel, et nous rendre semblables à lui. Nous serons alors purs, c'est-à-dire absolument sans péché et sans plus aucune attirance vers le mal.

Dès son jeune âge, un prince s'efforce de vivre comme un roi. Il désire être aussi prêt que possible pour le jour où il sera sur le trône. Cette pensée l'aide à être déjà calme, réfléchi, juste et bon. Il s'efforce de ressembler à son modèle, son père.

Ce devrait être pareil pour nous. La pensée d'être un jour semblables à Jésus devrait nous stimuler pour lui ressembler dès aujourd'hui.

Ma prière : Seigneur Jésus, aide-moi à penser souvent au moment où je serai avec toi au ciel. Que cela m'aide à chercher dès aujourd'hui à te ressembler.

3
novembre

Éternel, qui peut rester dans ton sanctuaire ?
Et qui donc peut demeurer sur ta montagne
sacrée ?
L'homme à la conduite intègre : il pratique la
justice, et il dit la vérité qu'il pense au fond
de son cœur, il n'insulte pas son frère, et il ne
raconte rien qui déprécie son prochain ou lui
cause un préjudice.

Dans ce psaume, le roi David, nous donne la ressource pour rester près du Seigneur. Il faut être juste, droit et gentil avec ceux qui nous entourent.
Relis le verset et réfléchis comment le vivre aujourd'hui.

Être intègre : être parfaitement honnête.
Déprécier son prochain : le rabaisser, en dire du mal.
Causer du préjudice : faire du tort, créer des ennuis.
Notre prochain : celui qui est proche de nous.

Ma prière : Seigneur Jésus, aide-moi à vivre d'une manière qui te fasse plaisir. Aide-moi à montrer que je t'appartiens par ma manière de vivre avec les autres.

4
novembre

Ô Dieu, protège-moi, car je me réfugie en toi. Je dis à l'Éternel : "Tu es mon maître, et tout mon bonheur est en toi."

Le début de ce psaume est vraiment étonnant ! Quel esclave ou même seulement serviteur trouve tout son bonheur en son maître ? En général, on n'aime pas être dominé, ni commandé et on n'aime pas les maîtres !
Mais pour David, auteur de ce psaume, la protection, le refuge, la confiance qu'il pouvait placer en son maître céleste sont tellement précieux que ce maître devient l'objet de tout son bonheur.

Ma prière : Seigneur Jésus, aide-moi à toujours te faire confiance pour que mon bonheur soit en toi, complet, parfait et hors d'atteinte du monde.

5 novembre

Tous ceux qui s'affairent à chercher les faveurs des autres dieux ne font qu'augmenter leurs tourments.
Le nom de ces idoles ne passera pas sur mes lèvres.

Notre monde est plein d'idoles. Il y a les stars du sport, de la chanson ou du cinéma. Il y a les activités que l'on peut faire et auxquelles on consacre toute son énergie. Il y a sûrement bien d'autres choses encore que l'on "adore". Bien sûr, ce verbe ne veut plus dire ce qu'il voulait dire à l'origine - admiration sans borne, du fond du cœur. Mais ne voudrais-tu pas garder ce mot pour le Seigneur seul ?

Ma prière : Seigneur Jésus, aide-moi à ne pas partager les passions du monde, même dans mes conversations.

6
novembre

Oui, je loue l'Éternel qui me conseille, qui, la nuit même, éclaire ma pensée.
Je garde constamment les yeux fixés sur l'Éternel. Puisqu'il est près de moi, rien ne peut m'ébranler.

Il y a parfois, dans la vie, des sujets délicats. On n'ose en parler à personne. Mais on aimerait tant un conseil sûr. Pour les plus petites comme pour les plus grandes choses, le Seigneur veut nous conseiller. Tu peux lui demander simplement de te guider. Mais bien sûr, on n'entend pas sa voix. Alors, comment être sûr de la direction à prendre ?
1. Le Seigneur ne nous dira jamais de faire quelque chose de contraire à ce qui est écrit dans la Bible.
2. Si, dans le calme et la prière, une direction s'impose à mes pensées et me donne la paix, je peux penser qui cela vient de lui.

Ma prière : Seigneur Jésus, aide-moi à fixer les yeux sur toi, à toujours rechercher ton conseil.

7 novembre

Que des hommes de ce monde je sois délivré ! Que leur part soit en cette vie ! Quant à moi, déclaré juste, je contemplerai ta face et, à mon réveil, je pourrai me rassasier de la vue de ton image.

Pour être déclaré juste, il ne faut plus avoir de péché. Et pour ne plus avoir de péché, il faut croire que le sang de Jésus-Christ nous purifie.
Toute l'attente et l'espérance des hommes du monde résident dans leur vie sur la terre.
Mais pour toi, toi qui as été déclaré juste, tu contempleras la face de Dieu. Tu attends ce moment avec impatience ? Ne te fais pas de soucis, il a promis : "Je viens bientôt." Pour nous, ce jour sera comme un réveil après une longue nuit.

Ma prière : Seigneur Jésus, merci pour l'espérance que tu m'as donnée d'être un jour avec toi et de pouvoir te voir. Aide-moi à attendre ce jour avec patience et ardeur.

8 novembre

Je t'aime, ô Éternel, ma force! L'Éternel est ma forteresse, mon rocher, mon libérateur. Il est mon Dieu, le roc solide où je me réfugie. Il est mon sauveur tout-puissant, mon rempart et mon bouclier. Loué soit l'Éternel: quand je l'ai appelé, j'ai été délivré de tous mes ennemis.

Le roi David, auteur de ce psaume, a dû faire beaucoup de guerres pour sécuriser son pays.
Nous aussi, nous sommes en guerre... En guerre contre le mal, en guerre contre notre vieil homme qui, avec ses vieilles habitudes, voudrait nous faire pécher. Quelle est notre protection dans ce combat? Et d'où vient notre délivrance?

Relève dans le verset tous les qualificatifs qui sont attribués au Seigneur. Tu devrais en trouver 9...

Ma prière: Seigneur Jésus, comme David, je veux te dire: "Je t'aime." Merci parce que si je t'aime, c'est parce que tu m'as aimé le premier.

9 novembre

Dieu est vivant ! Qu'il soit loué, lui qui est mon rocher ! Que l'on proclame la grandeur de ce Dieu qui est mon sauveur.
Des ennemis, tu me délivres, oui, tu me fais triompher d'eux.
Aussi, je publie tes louanges, Éternel, parmi les nations, je te célèbre par mes chants.

Notre Dieu est un Dieu vivant. Un Dieu sur lequel on peut compter : un rocher. C'est aussi un Dieu sauveur, un Dieu qui délivre, un Dieu qui donne des victoires.
Nous devons aussi, comme les auteurs des psaumes, relever dans notre vie ce que Dieu fait pour nous. Pour l'en remercier, mais aussi pour le louer, c'est-à-dire pour raconter tout le bien que l'on pense de lui. On voit ici que David désire louer Dieu, proclamer sa grandeur, publier ses louanges, le célébrer. Aujourd'hui encore, nous pouvons fêter Dieu par des cantiques.

Ma prière : Seigneur Jésus, ouvre mes yeux sur les merveilles de ton travail dans ma vie. Que cela remplisse mon cœur d'amour pour toi. Qu'il puisse déborder en mots d'amour à ton égard.

10 novembre

Ne condamnez pas les autres, pour ne pas être vous-même condamnés. Car vous serez condamnés vous-même de la manière dont vous aurez condamné, et on vous appliquera la mesure dont vous vous serez servis pour mesurer les autres.

Condamner quelqu'un, c'est dire qu'il est coupable, qu'il doit être puni. Seul un juge peut condamner.

Imagine que ta maîtresse demande à tes camarades de quelle façon elle doit te punir. N'aurais-tu pas peur que ceux-ci réclament pour toi une punition trop sévère ? Heureusement que c'est la maîtresse qui décide !

Pour les choses morales, c'est-à-dire du cœur, c'est la même chose. Dieu seul décide ce que méritent les actes de chacun.

Ma prière : Seigneur Jésus, aide-moi à ne condamner et à n'accuser personne. Merci parce que personne ne peut condamner ce que tu m'as déjà pardonné.

11 novembre

Pourquoi vois-tu les grains de sciure dans l'œil de ton frère, alors que tu ne remarques pas la poutre qui est dans le tien ? Comment oses-tu dire à ton frère : "Laisse-moi enlever cette sciure de ton œil", alors qu'il y a une poutre dans le tien ? Hypocrite ! Commence donc par retirer la poutre de ton œil, alors tu y verras assez clair pour ôter la sciure de l'œil de ton frère.

Le grain de sciure dans l'œil de mon frère, ce peut être un petit détail dans sa vie qui ne me convient pas : un verset de la Bible qu'il n'a pas compris comme moi, par exemple.

La poutre dans mon œil, c'est mon orgueil, ma fierté de bon chrétien, ou tout autre péché qui peut être aussi gros que ce gros morceau de bois dont on se sert pour soutenir le toit d'une maison.

Je ne dois pas laisser ce grain de sciure qui fait pleurer mon frère, mais je dois d'abord confesser et abandonner mon propre péché.

Ma prière : Seigneur Jésus, débarrasse-moi de mon orgueil, remplis-moi de ton humilité pour que je puisse aider les autres sans leur faire mal.

12 novembre

Gardez-vous de donner aux chiens ce qui est sacré, et ne jetez pas vos perles devant les porcs, de peur qu'ils ne piétinent vos perles et que les chiens ne se retournent contre vous pour vous déchirer.

Par cette image très dure, Jésus nous met en garde vis-à-vis des moqueurs.

Nous devons rendre un bon témoignage devant tous les hommes, mais il y a beaucoup de choses qu'ils ne peuvent pas comprendre.

Si tu expliques à quelqu'un qui se croit assez fort pour vivre sans Dieu que, tous les soirs, tu te mets à genoux pour prier, il risque fort de se moquer de toi, de Dieu et de son pardon.

Les grands trésors de la piété, c'est-à-dire de notre relation avec Dieu, ne peuvent être partagés qu'avec des croyants. Certains doivent même rester entre le Seigneur et nous seuls.

Ma prière : Merci Seigneur Jésus parce que je peux tout partager avec toi et avec ceux qui t'aiment. Aide-moi à parler de toi de manière à être compris par ceux qui ne te connaissent pas.

13 novembre

Demandez, et vous recevrez ;
cherchez, et vous trouverez ;
frappez, et l'on vous ouvrira.
Car celui qui demande reçoit ;
celui qui cherche trouve ;
et l'on ouvre à celui qui frappe.
Qui de vous donnera un caillou à son fils
quand celui-ci lui demande du pain ? Ou
bien s'il lui demande un poisson, lui
donnera-t-il un serpent ?
Si donc, tout mauvais que vous êtes, vous
savez donner de bonnes choses à vos
enfants, à combien plus forte raison votre
Père céleste donnera-t-il de bonnes choses
à ceux qui les lui demandent.

Qui oserait encore hésiter à prier, après cette invitation ?
"Il faut cependant demander avec foi, sans douter."
dit l'apôtre Jacques.

Ma prière : Seigneur Jésus, aide-moi à ne pas avoir peur de te prier. Aide-moi à ne pas douter.

14
novembre

Faites pour les autres tout ce que vous voudriez qu'ils fassent pour vous, car c'est là tout l'enseignement de la loi et des prophètes.

C'est la règle d'or.
Si l'homme pouvait appliquer cette règle, la société retrouverait le bonheur d'une vie paisible. Hélas, cette règle pose deux barrières que nous ne pouvons franchir par nous-même :
1. C'est à nous de commencer : il faudrait avoir le courage d'oser faire du bien avant qu'on nous en fasse. Il faudrait accepter le risque d'être déçu.
2. Il faudrait AVOIR ENVIE de faire du bien aux autres. En un mot, il faudrait LES AIMER.

Es-tu prêt à essayer ?

Ma prière : Seigneur Jésus, je reconnais que je ne peux pas aimer les autres sans ton aide pour leur faire tout le bien que j'aimerais qu'ils me fassent. Donne-moi cet amour, afin de te glorifier, et délivre-moi de la peur d'être déçu. Aide-moi à faire le bien pour te faire plaisir à toi, et non pas pour que l'on m'en fasse en retour.

15
novembre

Entrez par la porte étroite ; en effet, large est la porte et facile la route qui mènent à la perdition. Nombreux sont ceux qui s'y engagent.
Mais étroite est la porte et difficile le sentier qui mènent à la vie ! Qu'ils sont peu nombreux, ceux qui les trouvent !

Drôle de pub ! Dans ce monde, quand on veut que des gens suivent un certain chemin, on essaie de leur en montrer les points positifs !
Jésus n'a jamais caché le fait que c'est difficile de le suivre. Au contraire. Pourquoi ?
Parce que suivre Jésus doit être une affaire de volonté. Il veut qu'on le suive par amour pour lui, et non pas par désir de facilité ou par paresse.
Même si, parfois, cela peut t'amener à vivre des moments difficiles, ne veux-tu pas accepter avec joie ce dur sentier et attendre le ciel pour goûter le repos ?

Ma prière : Merci Seigneur Jésus parce que tu m'as placé dans le sentier qui mène à la vie. Aide-moi à le suivre fidèlement, sans me décourager, et à tout supporter par amour pour toi.

16 novembre

Matthieu 7. 15, 16, 18

Gardez-vous des faux prophètes ! Lorsqu'ils vous abordent, ils se donnent l'apparence d'agneaux, mais en réalité, ce sont des loups féroces. Vous les reconnaîtrez à leurs fruits. Est-ce que l'on cueille des raisins sur des buissons d'épines ou des figues sur des ronces ? Un bon arbre ne peut pas porter des mauvais fruits, ni un mauvais arbre de bons fruits.

Si le chrétien ne doit condamner personne, il doit pourtant juger ceux qui parlent de Dieu pour savoir s'ils sont vrais ou pas. Comment savoir ?
Ce n'est pas en écoutant si ce qu'ils disent est vrai. On pourrait se tromper, car certaines personnes savent si bien parler…
C'est en regardant leurs fruits, c'est-à-dire les résultats de leur manière de vivre. Est-ce qu'ils répandent l'amour ? Est-ce qu'ils donnent la joie et la paix ?

Ma prière : Seigneur Jésus, aide-moi à ne pas me laisser influencer par ceux qui font semblant de te servir et de t'aimer. Aide-moi à ne juger que sur des faits et à ne condamner personne.

17 novembre

Proverbes de Salomon, fils de David, roi d'Israël. Ils ont pour but d'enseigner aux hommes la sagesse et de les former, pour qu'ils comprennent les paroles prononcées avec intelligence, et qu'ils apprennent à agir de façon réfléchie, juste, droite et correcte. Ces proverbes donneront aux gens sans expérience le bon sens et aux jeunes la connaissance et le jugement. En les écoutant, le sage enrichira son savoir-faire, et l'homme avisé acquerra l'art de bien se conduire.

Tu viens de lire les premiers versets du livre des proverbes. Ils expliquent le but de ce livre : nous apprendre la sagesse. Pour les Proverbes, être sage ce n'est pas seulement être "bien gentil. C'est la manière de vivre pour ressembler à Jésus, que l'apôtre Paul décrit comme celui qui a "tous les trésors de la sagesse et de la connaissance".

Ma prière : Seigneur Jésus, donne-moi le désir de connaître cette sagesse qui vient de toi pour que je puisse te faire plaisir en te ressemblant.

18 novembre

La clé de la sagesse, c'est de révérer l'Éternel, mais les insensés dédaignent la sagesse et l'éducation.

Autrefois, il existait des livres dont la reliure pouvait se fermer avec une clé. Pour ce livre de la sagesse, il y a aussi une clé, sans laquelle il est incompréhensible. Cette clé, c'est le profond respect que l'on doit avoir envers Dieu, et le désir de lui obéir.

L'Éternel, c'est le nom par lequel Dieu s'est révélé à son peuple Israël. Pour nous, Dieu s'est révélé dans son Fils Jésus-Christ. C'est lui que nous devons révérer. C'est lui seul qui sera la clé de la connaissance de Dieu le Père.

Ma prière : Seigneur Jésus, remplis mon cœur d'un respect toujours plus grand et plus sérieux envers toi. Aide-moi à découvrir la joie qu'il y a à t'obéir.

19 novembre

Mon fils, soit attentif à l'éducation que tu reçois de ton père et ne néglige pas l'instruction de ta mère, car elles seront comme une belle couronne sur ta tête et comme des colliers à ton cou.

Certaines familles possèdent un trésor ou un secret qui se transmet de génération en génération. Pour les membres de ces familles, ce trésor est précieux pour deux raisons:
1. sa valeur
2. ils l'ont reçu de quelqu'un qui les aime
Tu peux aussi amasser un trésor de famille. Bien écouter et retenir ce que te disent tes parents se révélera d'un prix inestimable dans ta vie.

Ma prière: Merci Seigneur Jésus pour les parents que tu m'as donnés. Aide-moi à recevoir de ta part, comme des bijoux, ce qu'ils me disent pour mon éducation.

20 novembre

Mon fils, si des gens malfaisants veulent t'entraîner, ne leur cède pas. S'ils te disent : "Viens avec nous, dressons une embuscade pour tuer quelqu'un, tendons, pour le plaisir, un piège à l'innocent. Nous remplirons nos maisons de butin. Tu en auras ta part avec nous, nous ferons tous bourse commune." Mon fils, ne te mets pas en route avec ces gens-là, évite d'emprunter les mêmes chemins qu'eux.

Autrement dit : les mauvaises compagnies pourrissent une bonne manière de vivre.
Si cet exemple est tout au début de ce livre, c'est pour nous dire : "Ce n'est même pas la peine de chercher à apprendre la sagesse si tu choisis des amis qui ont une mauvaise vie. Tu ne pourras jamais la mettre en pratique auprès d'une telle compagnie."

Ma prière : Seigneur Jésus, aide-moi à bien choisir mes amis. Aide-moi à ne pas céder aux invitations qui pourraient m'entraîner loin de toi.

21
novembre

Il est vain de vouloir tendre un filet pendant que tous les oiseaux t'observent.

Pour attraper un oiseau, il faut être rapide, adroit, mais surtout discret. L'ennemi de nos cœurs, le diable, sait être discret. Il sait se cacher et même se déguiser. Ses deux déguisements préférés sont :
1. un agneau, parce qu'on n'en a pas peur
2. un ange de lumière, parce qu'il peut nous impressionner.
Si on n'est pas averti, il peut nous attraper. Les Proverbes ont aussi été écrits pour nous aider à connaître ses pièges.
À nous de les éviter et de nous enfuir à temps !

Ma prière : Seigneur Jésus, aide-moi à découvrir les pièges dont le diable se sert pour me faire pécher, et à m'enfuir lorsque je me sens tenté.

22 novembre

La sagesse crie bien haut dans les rues, sa voix résonne sur les places publiques. Dominant le tumulte, elle appelle. Près de la porte de la ville, elle fait entendre ses paroles, disant : "J'ai appelé et vous m'avez résisté, j'ai tendu la main et personne n'y a prêté attention. Mais celui qui m'écoute habitera en sécurité, il vivra tranquille, sans avoir à redouter le malheur."

Ce texte, écrit il y a presque 3 000 ans, nous paraît avoir été écrit pour notre époque. Qui, aujourd'hui, écoute cette voix de Dieu, cette Sagesse contenue dans sa Parole, la Bible ?
Et pourtant, quelles promesses merveilleuses pour celui qui écoute ! Les gens autour de toi te paraissent-ils en sécurité ? Ont-ils l'air tranquilles ? Même si certains font semblant, sache que, par exemple, seul un chrétien peut penser à la mort sans la redouter.

Ma prière : Merci Seigneur Jésus, parce que tu as permis que j'écoute ta Parole et que je croie en toi. Merci pour tes merveilleuses promesses de sécurité et de tranquillité.

23 novembre

Vous avez rejeté tous mes conseils et vous n'avez pas voulu de mes avertissements. C'est pourquoi, lorsque le malheur fondra sur vous, je rirai, quand la terreur vous saisira, je me moquerai.
Alors ils m'appelleront, mais je ne répondrai pas. Ils me chercheront, mais ne me trouveront pas. Puisqu'ils ont détesté mon enseignement et qu'ils n'ont pas choisi de révérer l'Éternel, eh bien, ils récolteront les fruits de leur conduite.

Ces versets font frémir.
Un jour, il sera trop tard.
Aujourd'hui, les hommes se moquent de Dieu.
Un jour, Dieu se moquera de ceux qui l'ont rejeté. Un jour, il sera définitivement trop tard.

Ma prière : Merci, Seigneur Jésus, parce que tu m'as sauvé, parce que tu m'as poussé à croire en toi avant qu'il ne soit trop tard. Je t'en supplie, si c'est ta volonté, sauve................. avant qu'il ne soit trop tard. Aide-moi à prier pour le salut de ceux que j'aime.

24
novembre

Celui qui commet le péché viole la Loi de Dieu, car le péché, par définition, c'est la violation de cette Loi.

Le verset d'aujourd'hui est important, car il nous donne une définition, comme dans un dictionnaire, de ce qu'est le péché.

Violer la loi de Dieu, c'est ne pas la respecter, c'est désobéir.

Mais qu'est-ce que c'est que cette "loi de Dieu" ?

Écoute ce que le Seigneur Jésus répond à quel-qu'un qui lui a posé cette question :

"Tu aimeras le Seigneur, ton Dieu, de tout ton cœur, de toute ton âme et de toute ta pensée. C'est là le commandement le plus grand et le plus important. Et il y en a un second qui lui est semblable : Tu aime-ras ton prochain comme toi-même. Tout ce qu'en-seignent la Loi et les prophètes est contenu dans ces deux commandements"

Ma prière : Seigneur Jésus, aide-moi à obéir à ta loi, aide-moi à t'aimer plus que tout et à aimer les autres comme moi-même.

25 novembre

Jésus est apparu pour ôter les péchés, et il n'y a pas de péché en lui.
Par conséquent, celui qui demeure uni à lui ne pèche pas et celui qui pèche ne l'a jamais vu et ne l'a jamais connu. Celui qui est né de Dieu ne s'adonne pas au péché, car la vie qui vient de Dieu a été implantée en lui et demeure en lui. Il ne peut pas continuer à pécher, puisqu'il est né de Dieu.

Si j'ai vraiment découvert qui est Jésus, mon cœur veut répondre à son amour merveilleux et je m'attache à lui. Chaque jour, je désire demeurer près de lui en cherchant à lui obéir. Et cela m'évite de pécher.
Bien sûr, il peut encore m'arriver de pécher. Mais ce n'est pas de ces péchés "accidentels" dont l'apôtre Jean veut parler ici. Il parle de quelqu'un qui a l'habitude de pécher, sans crainte de Dieu.

Ma prière : Merci Seigneur Jésus, parce que tu m'as enlevé mon péché à la croix, toi en qui il n'y avait pas de péché. Aide-moi à vivre toujours plus près de toi pour que ma vie soit sans péché.

26 novembre

Mes enfants, que personne ne vous trompe sur ce point : est juste celui qui fait ce qui est juste, tout comme le Christ lui-même est juste.

Qui est juste ? Celui qui dit ou celui qui fait ?
On peut se vanter de beaucoup de choses… Si je te dis : "Moi, je sais faire l'arbre droit" et que tu ne m'as jamais vu faire la moindre gymnastique, tu peux en douter !
Si je te vois aimer les autres, être joyeux ou encore apporter la paix, je pourrai dire que tu es juste, car ces choses sont justes. De plus, elles font penser au Seigneur Jésus et à son parfait exemple.

Ma prière : Seigneur Jésus, aide-moi à vivre de manière juste, comme toi. Aide-moi aussi à ne pas me laisser tromper par ceux qui parlent bien mais ne font pas ce qu'ils disent.

27 novembre

C'est ainsi que se manifeste la différence entre les enfants de Dieu et les enfants du diable : celui qui ne fait pas ce qui est juste n'appartient pas à Dieu, pas plus que celui qui n'aime pas son frère.

Ce verset établit clairement deux catégories d'hommes, et deux seulement.
D'une part, les enfants de Dieu, d'autre part, les enfants du diable. Il n'y a pas de milieu !
Comment reconnaître ceux qui font partie des enfants de Dieu ? En regardant ce qu'ils font et en particulier l'amour qu'ils ont les uns pour les autres.
Tu me diras peut-être : "J'aime Dieu, mais je ne peux pas aimer tel frère ou telle sœur de mon église..."
C'est vrai, tu ne le peux pas tout seul. Si tu le reconnais, c'est un excellent début. Mais si tu as la volonté d'aimer tes frères par amour pour Dieu, lui te donnera la force que tu lui demanderas.

Ma prière : Merci Seigneur Jésus parce que, par ton œuvre à la croix, tu as fait de moi un enfant de Dieu. Aide-moi à vivre ce que je suis, tout particulièrement dans mon amour envers tous.

28 novembre

Voici comment nous savons ce que c'est que d'aimer : Jésus-Christ a donné sa vie pour nous. Nous devons, nous aussi, donner notre vie pour nos frères.

Jésus a dit : "Il n'y a pas de plus grand amour que de donner sa vie pour ses amis." Et l'apôtre Pierre ajoute : "Christ a souffert pour vous, vous laissant un exemple, pour que vous suiviez ses traces."

"Quoi ? Moi ? Donner ma vie pour mes frères ? C'est pas un peu beaucoup trop, ça ? Et puis d'abord, qu'est-ce que ça veut dire ?"

TOI ? Oui, toi ; la Bible n'a pas été écrite pour ceux qui n'aiment pas Jésus.

BEAUCOUP TROP ? Imagine un peu, si le Seigneur avait fait cette réponse !

QU'EST-CE QUE CELA VEUT DIRE ? Chaque fois que tu dois choisir entre toi et les autres, choisis les autres. Exemples :

• Lire tranquille / m'occuper de ma petite sœur

• M'amuser avec mes copains / aider Maman à ranger la maison

Ma prière : Seigneur Jésus, aide-moi à découvrir la joie du sacrifice pour les autres.

29 novembre

Si un homme riche voit son frère dans le besoin et lui ferme son cœur, l'amour de Dieu ne peut être présent en lui. Mes enfants, que votre amour ne se limite pas à des discours et à de belles paroles, mais qu'il se traduise par des actes accomplis dans la vérité.

Tu es immensément riche des richesses de Dieu.
Tes richesses sont tout ce que Dieu veut produire en toi : l'amour, la joie, la paix, la bonté, la bienveillance, la douceur...
Autour de toi, les gens sont misérablement pauvres de tout cela. Donne-leur beaucoup de sourires, de mots gentils, de compliments, d'encouragements. Mais aussi ton rire, tes petits services, ton silence attentif...
Être bienveillant, c'est comprendre ce dont les autres ont besoin. C'est, par exemple, découvrir combien une personne âgée a besoin de contact, un bébé, de câlins, et ta maman, de t'entendre dire qu'elle est la plus belle...

Ma prière : Seigneur Jésus, merci pour les richesses que tu me donnes. Aide-moi à les partager sans mesure.

30 novembre

1 Jean 3. 19, 20

C'est ainsi que nous saurons que nous appartenons à la vérité, et nous rassurerons notre cœur devant Dieu, si notre cœur nous condamne d'une manière ou d'une autre ; car Dieu est plus grand que notre cœur et il connaît tout.

J'ai des doutes : suis-je sauvé ?
Le Seigneur peut-il pardonner ce que je viens de faire ou de dire ?
Ma conscience me fait des reproches. Comment puis-je être sûr que j'appartiens à Dieu ?
Par ce que je dis ? Par ce que je fais ?
Non ! Mais l'amour que j'ai pour les autres est le signe que Dieu travaille en moi, que je suis son enfant.
Dieu est plus grand que mon cœur, il est un Dieu qui pardonne et qui délivre de toute culpabilité.

Ma prière : S'il te plaît, Seigneur Jésus, donne-moi une conscience juste. Merci parce que tu ne me juges pas selon ma conscience, mais selon la grandeur de ta miséricorde.

1
décembre

Tous les cieux proclament combien Dieu est glorieux, l'étendue céleste publie l'œuvre de ses mains.
La loi de Dieu est parfaite, elle nous redonne vie.
Garde aussi ton serviteur des pensées d'orgueil : qu'elles n'aient pas sur moi la moindre emprise !

Quel est le premier et le plus grand des péchés ? L'orgueil.
L'orgueil a poussé Adam et Ève à vouloir être égal à Dieu en mangeant du fruit de l'arbre défendu. L'orgueil pousse les hommes à vouloir vivre sans Dieu, à le rejeter. L'orgueil, c'est se croire plus que l'on est.
Si le Seigneur me garde de l'orgueil, je me tiendrai près de lui, à ma place. Près de lui, je serai gardé du péché, j'apprendrai à l'aimer et à l'admirer toujours plus au travers de sa parole et de sa création.

Ma prière : Seigneur Jésus, aide-moi à ne pas accepter les pensées d'orgueil qui naissent dans mon cœur. Aide-moi à avoir une pensée juste sur moi-même.

2
décembre

Aux uns, les chars de guerre, aux autres les chevaux. Nous, notre confiance nous la mettons en toi, l'Éternel notre Dieu.

Avant de s'engager dans un combat, un général mesure sa puissance et celle de l'ennemi. Dans les difficultés, nous aimons aussi savoir sur quoi nous pouvons nous appuyer.
Si tu as des contrôles en classe, tu seras rassuré si tu as bien appris ta leçon. De même, tu seras heureux qu'un ami vienne avec toi si tu dois passer tes vacances dans un camp que tu ne connais pas. Mais la mémoire peut faire défaut… et les amis aussi.

Les hommes qui ne connaissent pas Dieu mettent leur confiance dans des choses comme les chevaux et les chars de ce verset. Mais nous, comme le roi David, auteur de cc psaume, nous mettons notre confiance en_____.

Ma prière : Seigneur Jésus, aide-moi à ne me confier qu'en toi.

3 décembre

O Éternel, le roi se réjouit de ta force. Qu'elle est grande sa joie devant l'œuvre de ton salut ! Tu lui as accordé le désir de son cœur, tu n'as pas refusé ce qu'il te demandait. Il t'avait demandé la vie, tu la lui as donnée et tu prolongeras ses jours jusqu'en l'éternité.

Ce qui réjouit le cœur du roi David, ce n'est ni ses richesses, ni ses victoires, c'est d'être sauvé par son Dieu.
Si tu mets ta joie dans ton salut en Jésus-Christ et dans l'espérance de la vie éternelle, alors tu es vraiment bienheureux.
Toutes les joies de ce monde passent.
Mais toi, tu es sauvé pour toujours. La vie éternelle, Jésus te l'a promise et il est fidèle pour tenir ses promesses.

Ma prière : Seigneur Jésus, merci de tout mon cœur parce que tu m'as sauvé, parce que tu m'as préparé une place avec toi pour l'éternité. Donne-moi toujours plus de joie dans ce merveilleux salut.

4
décembre

Mon Dieu, mon Dieu, pourquoi m'as-tu abandonné ?
En toi déjà, nos pères se confiaient, oui, ils comptaient sur toi, et tu les délivrais.
Mais moi, je suis un ver, je ne suis plus un homme, tout le monde m'insulte, le peuple me méprise, ceux qui me voient se rient de moi. On fait la moue en secouant la tête : "Il se confie en l'Éternel ? Eh bien, que maintenant l'Éternel le délivre ! Puisqu'il trouve en lui son plaisir, qu'il le libère donc !"

À qui ce psaume te fait-il penser ?
À Jésus, bien sûr.
À Jésus, qui a été abandonné, que l'on a insulté, méprisé, duquel on s'est moqué.
A-t-il été délivré de la croix ? Non. Pourtant, il se confiait en Dieu, Dieu trouvait bien son plaisir en lui… Alors pourquoi cette souffrance ? Pour qui ?

Ma prière : Méprisé, insulté, abandonné, tu as tout supporté pour me racheter du péché. Seigneur Jésus, je t'adore pour cet amour plus grand que tout.

5 décembre

Oui, tu m'as répondu ! Je proclamerai à mes frères quel Dieu tu es, je te louerai dans la grande assemblée.
Aux confins de la terre, tous les peuples du monde se souviendront de l'Éternel. Tous, ils se tourneront vers lui, et toutes les nations se prosterneront devant lui.

Lorsque Jésus a été mis dans le tombeau, les juifs étaient persuadés d'être débarrassés de lui. Il était mort. Dieu ne lui avait pas répondu.
Mais si, Jésus est ressuscité ! Dieu lui a donc répondu : il lui a donné le pouvoir de reprendre sa vie.
Le résultat est merveilleux : grâce à cette mort et à cette résurrection, tous les peuples du monde peuvent croire en lui, avoir accès auprès de Dieu, être sauvé.

Ma prière : Que tu es grand et puissant, Seigneur Jésus, d'être ressuscité ! Merci parce que maintenant, tout le monde peut croire en toi. Merci parce que j'ai cru en toi.

6
décembre

L'Éternel est mon berger, je ne manquerai de rien. Grâce à lui, je me repose dans des prairies verdoyantes, et c'est lui qui me conduit au bord des eaux calmes. Il me rend des forces neuves, et pour l'honneur de son nom, il me mène pas à pas sur le droit chemin. Si je devais traverser la vallée où règnent les ténèbres de la mort, je ne craindrai aucun mal, car tu es auprès de moi: ta houlette me conduit et ton bâton me protège.

Le travail d'un berger n'est pas facile. Mais quand le berger a un beau troupeau, en bonne santé, bien nourri et qui marche bien, c'est un honneur pour lui; c'est sa récompense.

Si tu restes près de Jésus, tu n'as rien à craindre. Il saura te ramener si tu t'éloignes, et si le diable vient te menacer, son bâton aura vite fait de le chasser.

Ma prière: Merci Seigneur Jésus pour toutes les promesses de ta parole. Merci parce que tu veux me conduire pas à pas.

7
décembre

Pour moi, tu dresses une table aux yeux de mes ennemis, tu oins de parfum ma tête, tu fais déborder ma coupe. Oui, toute ma vie, ta bonté et ton amour m'accompagneront et je pourrai retourner au temple de l'Éternel tant que je vivrai.

La suite de ce psaume est surprenante. Dans sa première partie, l'auteur s'est comparé à une brebis. Dans ces versets, il est l'invité de Dieu.

Dieu nous aime. Il veut nous sauver. Il veut nous conduire, nous garder et nous protéger durant notre marche sur la terre. Mais son but, c'est de nous inviter dans sa gloire. Il veut nous voir le louer pour son amour et sa bonté pendant toute l'éternité.

Ma prière : Oui, merci Seigneur Jésus parce que ta bonté et ton amour m'accompagneront toute ma vie, et parce que je pourrai passer l'éternité dans ta gloire.

8 décembre

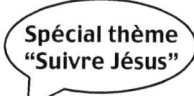
Spécial thème "Suivre Jésus"

Jésus s'en alla et vit, en passant, un collecteur d'impôts nommé Lévi, installé à son poste de péage. Il l'appela en disant : "Suis-moi"
Cet homme se leva, laissa tout et suivit Jésus.

Tu connais mieux Lévi sous le nom de Matthieu. Avant que Jésus arrive, il était employé par les Romains pour recevoir les impôts. Il avait donc un travail, de l'argent, une maison...

Puis, Jésus arrive et lui dit deux mots : "Suis-moi." Matthieu a compris que Jésus n'allait pas remplir son porte-monnaie, mais son cœur. Il obéit et quitte tout : son argent, son métier et ses affaires.

Il suit Jésus.

L'a-t-il regretté ? Non ! Matthieu est heureux d'ouvrir sa maison et d'offrir un repas de fête à Jésus. Il invite aussi une grande foule car il voudrait que chacun trouve, en Jésus, le même bonheur qui remplit son cœur.

Ma prière : Merci Seigneur Jésus, parce que tu m'as appelé pour te suivre. Aide-moi à t'obéir avec joie et à partager cette joie avec les autres.

9

décembre

Luc 22. 33, 54ᵇ

Spécial thème "Suivre Jésus"

"Seigneur, lui dit Simon, je suis prêt, s'il le faut, à aller en prison avec toi, ou même à mourir."
Pierre suivait à distance.

Pierre se sentait sûr de lui en promettant au Seigneur qu'il le suivrait jusqu'à la mort... Mais il ne faut pas attendre bien longtemps pour se rendre compte que c'est plus facile à dire qu'à faire ! Déjà, dans le jardin des Oliviers, alors que Jésus lui a demandé de veiller avec lui, Pierre s'est endormi.
Plus tard, Jésus est fait prisonnier. Il n'a pas demandé à Pierre de le suivre, mais Pierre le suit quand même... de loin. Il pensait peut-être bien faire, mais il s'est trompé. Jésus ne lui a pas demandé d'être là, près du feu, dans la cour. Et c'est pour ça que Pierre l'a renié à plusieurs reprises. Parce qu'il n'était pas là où Jésus voulait qu'il soit.

Suivre Jésus, c'est être avec lui, là où il veut que je sois. C'est faire sa volonté.

Ma prière : Oui, Seigneur, je veux te suivre pour toujours. Aide-moi à t'être fidèle quand c'est facile et quand c'est difficile.

10 décembre

Spécial thème
"Suivre Jésus"

Pendant qu'ils étaient en chemin, un homme vint dire à Jésus : "Je te suivrai partout où tu iras." Jésus lui répondit : "Les renards ont des tanières et les oiseaux du ciel ont des nids ; mais le Fils de l'homme n'a pas un endroit à lui où prendre du repos."

"Je te suivrai partout où tu iras."
Quelle belle parole !
Pourtant, il semble que celui qui l'a prononcée n'a pas bien réfléchi à tout ce que cela représente. Jésus l'avertit que le suivre n'est pas de tout repos... Il n'y a pas longtemps, un vieux serviteur du Seigneur est mort. C'était un ancien pasteur persécuté dans son pays. Quand il s'est réfugié en Europe, il a continué à travailler pour Jésus. Son emploi du temps était tellement chargé qu'il avait noté sur la dernière page de son agenda : "Les vacances au ciel !" Le Seigneur l'a repris quelques jours avant la fin de cette année-là ; il est dans le repos.

Ma prière : Seigneur, aide-moi à être prêt à faire des sacrifices pour te suivre.

11
décembre

Spécial thème
"Suivre Jésus"

Jésus dit à un autre :
"Suis-moi !"
Mais cet homme lui dit :
"Seigneur, permets que j'aille d'abord
enterrer mon père."

Dans la réponse de cet homme, on peut lire ce qu'il
y avait dans son cœur : "Seigneur, je d'abord !"

Tu diras peut-être : "Oui, mais c'est bien normal qu'il
veuille enterrer son père !" C'est vrai ! Dans une situation normale, c'est une réaction normale.
Mais là, la situation n'est pas normale du tout : cet
homme a devant lui le Seigneur Jésus, Dieu lui-
même ! Il n'aura peut-être plus jamais l'occasion de
le rencontrer. Après l'enterrement, il sera trop tard :
Jésus sera parti plus loin, appeler quelqu'un d'autre.
Il faut qu'il se décide MAINTENANT.
Faire passer quelque chose avant le Seigneur Jésus,
voilà ce qui peut faire rater toute une vie.

Ma prière : Seigneur Jésus, aide-moi à te laisser tou-
jours la première place dans ma vie. Guide-moi
pour que je fasse toujours le bon choix.

12 décembre

Spécial thème "Suivre Jésus"

Jésus dit à Pierre : "Suis-moi."
Pierre se retourna et aperçut le disciple que
Jésus aimait ; il marchait derrière eux.
En le voyant, Pierre demanda à Jésus :
"Et lui, Seigneur, qu'en est-il de lui ?"
Jésus lui répondit :
"...que t'importe ? Toi, suis-moi."

Cette parole a été adressée à Pierre, puis à beaucoup d'autres croyants.
Mais aujourd'hui, c'est de toi qu'il s'agit.
C'est à toi que le Seigneur dit : "Toi, suis-moi."

Tout au long de la vie, tu seras tenté de regarder les autres, pour voir le chemin dans lequel ils marchent.
Mais le Seigneur te dit :
"... que t'importe ? Toi, suis-moi."
C'est lui qu'il faut suivre. Pour cela, il faut le regarder lui.

Ma prière : Seigneur Jésus, aide-moi à te suivre en marchant comme toi tu veux que je marche, sans critiquer ceux qui vont plus lentement ou envier ceux qui vont plus vite.

13 décembre

Spécial thème "Suivre Jésus"

"Je suis la lumière du monde, dit Jésus. Celui qui me suit ne marchera pas dans les ténèbres : il aura la lumière de la vie."

C'est une promesse.
Qui l'a faite ? Le Seigneur Jésus lui-même. Nous pouvons donc être sûrs qu'il la tiendra.
À qui a-t-elle été faite ? À celui qui le suit. À toi, à moi.

Pour comprendre comme c'est important de "vivre dans la lumière", tu peux faire une petite expérience :
1. Prends deux petites coupelles.
2. Remplis-les toutes les deux de coton.
3. Mouille le coton avec de l'eau.
4. Dispose des lentilles sèches sur le coton.
5. Place une coupelle dans ta chambre, près de la fenêtre.
6. Mets l'autre coupelle dans ta cave ou dans un placard bien sombre.
7. Au bout de quelques jours, compare les lentilles…

Ma prière : Seigneur Jésus, merci parce que je peux m'épanouir dans ta présence.

14 décembre

Spécial thème
"Suivre Jésus"

Christ a souffert pour vous, vous laissant un exemple, pour que vous suiviez ses traces.

Facile ? Si les traces sont déjà faites, on n'a plus qu'à mettre les pieds dessus et à les suivre...
Oui, mais...
Quelles sont ces traces que le Seigneur a laissées ?
Tu en as vu une le mois dernier, souviens-toi :
"Jésus-Christ a donné sa vie pour nous. Nous devons, nous aussi, donner notre vie pour nos frères." (1 Jean 3. 16)
Mais il y en a d'autres :
"Lui qui... lorsqu'on l'outrageait, ne rendait pas d'outrage, quand il souffrait, ne menaçait pas, mais se remettait à celui qui juge justement" (1 Pierre 2. 23)

Ma prière : Seigneur Jésus, merci parce que tu as quitté le ciel pour devenir un être humain comme moi. Aide-moi à suivre tes traces, même quand c'est difficile.

15 décembre

Mon fils, si tu acceptes mes paroles, si tu conserves mes préceptes au fond de toi-même, si tu prêtes une oreille attentive à la sagesse, […] si tu la recherches comme de l'argent, si tu creuses pour la trouver comme pour découvrir un trésor, alors tu comprendras ce qu'est révérer l'Éternel, et tu apprendras à connaître Dieu.

N'as-tu jamais rêvé de découvrir un trésor ? Imagine que tu connaisses un endroit où il y en a un. Quelle joie ce serait pour toi de pouvoir creuser à sa recherche !

Creuser, ce n'est pas toujours facile, c'est même parfois pénible. Mais l'espoir de la découverte peut faire oublier les difficultés.

Ce trésor que contient la Bible, c'est la connaissance de Dieu. Pour trouver ce trésor, il faut creuser, c'est-à-dire lire, et réfléchir à ce qu'on lit. Cela nous amène à un respect toujours plus grand et profond du Seigneur Jésus. Lui seul pourra nous révéler Dieu.

Ma prière : Seigneur Jésus, fais naître dans mon cœur le désir de lire la Bible. Un désir aussi fort que si c'était pour trouver le plus grand des trésors.

16 décembre

Car l'Éternel donne la sagesse, et ce sont ses paroles qui procurent la connaissance et l'intelligence.

Il existe beaucoup de livres qui parlent de Dieu, de Jésus ou de la Bible. Il existe même des écoles où l'on apprend Dieu et la Bible.

Mais c'est l'Éternel, Jésus-Christ, qui seul peut donner la sagesse. Ce sont ses paroles, dans la Bible, qui seules peuvent donner la vraie connaissance et l'intelligence selon Dieu, c'est-à-dire la compréhension des choses de la vie.

Ma prière : Seigneur Jésus, aide-moi à comprendre que rien n'est plus important que ta Parole. Aide-moi à tout attendre de toi.

17 décembre

L'Éternel veille sur le cheminement de ceux qui lui sont fidèles. Alors tu apprendras à discerner ce qui est juste, droit et équitable et à reconnaître tous les sentiers du bien.

Ce verset nous dit que, pour que le Seigneur puisse nous révéler ce qui est bien, il faut lui être fidèle.

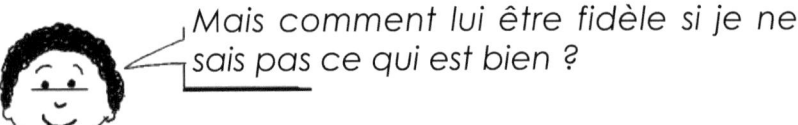 Mais comment lui être fidèle si je ne sais pas ce qui est bien ?

La fidélité, c'est avant tout une affaire de volonté ! Si nous voulons obéir au Seigneur, il pourra nous apprendre "ce qui est juste, droit et équitable, et à reconnaître tous les sentiers du bien."

Ma prière : Seigneur Jésus, aide-moi à t'obéir en toutes choses, à t'être fidèle pour que je puisse discerner ce qui est bien et ce qui est mal selon toi.

18 décembre

La réflexion sera ta sauvegarde et l'intelligence veillera sur toi pour te préserver de la mauvaise voie et des hommes qui tiennent des propos fourbes [...] qui prennent plaisir à faire le mal, qui sont tout contents de s'enfoncer dans la perversité, dont le comportement est dépravé et les chemins tortueux.

La sagesse peut t'approcher du Seigneur. La volonté de lui être fidèle peut t'aider à lui fait plaisir. Mais pour déjouer les pièges du diable, il te faut aussi de la réflexion et de l'intelligence.

Toutes les pièces de ce puzzle sont nécessaires pour honorer le Seigneur en résistant aux mauvaises influences.

Intelligence sans sagesse : elle ne s'occupe pas de Dieu et se gaspille dans des choses vaines, sans importance.

Sagesse sans réflexion : elle reste dans ta pensée, sans agir dans ta vie.

Ma prière : Seigneur Jésus, aide-moi à ne pas foncer tête baissée dans toutes les situations. Aide-moi à réfléchir à ce que tu attends de moi.

19 décembre

Mon fils, n'oublie pas mes instructions et que ton cœur retienne mes commandements, car ils rallongeront tes jours et ajouteront des années à la durée de ta vie et t'assureront le bonheur.

Grâce aux progrès de la médecine, les hommes vivent de plus en plus vieux. Mais ils ne sont pas plus heureux pour autant.

Même si les gens paraissent parfois heureux, ils ne connaissent pas le vrai bonheur. Tout ce que l'homme peut inventer pour remplacer les bénédictions de Dieu, restera toujours comme une photocopie en noir et blanc, sans relief, sans couleur…

C'est pourtant si simple de recevoir la bénédiction, puisque Dieu désire nous la donner! C'est vrai, il faut écouter et bien retenir sa parole et cela demande un effort; mais ce n'est rien en comparaison de ce qu'il nous donne.

Ma prière : Merci Seigneur Jésus parce que tu veux me bénir. Aide-moi à venir à toi pour être béni et à ne pas rechercher à acquérir par d'autres moyens ce que tu veux me donner.

20 décembre

Que l'amour et la fidélité ne te fassent jamais défaut ; attache-les autour de ton cou, grave-les sur les tablettes de ton cœur, et tu obtiendras la faveur de Dieu et des hommes, tu auras la réputation d'être un homme de bon sens.

Nous avons tous envie d'être aimé et respecté… Est-ce qu'il existe une recette miracle pour cela ?
Eh bien oui ! La recette existe. C'est aimer et être fidèle envers tous.
Mais attention ! Pas d'une manière superficielle. Le verset d'aujourd'hui dit qu'il faut que cet amour et cette fidélité soient attachés autour de notre cou - pour que tout le monde puisse les voir - mais aussi gravés sur notre cœur. Il faut donc que notre amour ne soit pas qu'une apparence hypocrite, mais réel et profond.

Ma prière : Seigneur Jésus, je reconnais que je ne peux pas aimer et être fidèle pour de vrai, si tu ne m'aides pas. Travaille dans mon cœur pour faire naître cet amour et cette fidélité pour ta gloire, pour mon bien et celui des autres.

21 décembre

Mets ta confiance en l'Éternel de tout ton cœur et ne te repose pas sur ta propre intelligence.

"Je peux quand même me débrouiller tout seul !"
"Je suis assez grand."
"Je ne vais pas ennuyer Dieu avec ça ; il m'a donné de l'intelligence, c'est bien pour que je m'en serve !"

Le premier et le plus grand des péchés, c'est l'orgueil. L'orgueil, c'est se croire plus que l'on est. Il est toujours accompagné du désir d'indépendance. L'indépendance, c'est vouloir se débrouiller tout seul.

La vie, c'est parfois comme un fleuve dangereux à traverser. L'intelligence, c'est le bateau. Mais à qui feras-tu confiance pour conduire le bateau ?

Ma prière : Seigneur Jésus, aide-moi à toujours mettre ma confiance en toi. Garde-moi du grand péché de me croire assez fort pour vivre sans toi.

22 décembre

Pour rentrer dans le royaume des cieux, il ne suffit pas de me dire : "Seigneur ! Seigneur !" Il faut accomplir la volonté de mon Père céleste.

À l'époque ou le Seigneur Jésus vivait sur la terre, il y avait beaucoup de juifs pieux. Ils faisaient régulièrement leur prière, ils se rendaient au temple pour faire des sacrifices et ils donnaient de l'argent aux pauvres. Pourtant, ils ont rejeté leur Messie ! Ils ne pouvaient donc pas rentrer dans le royaume de Dieu.

C'est toujours vrai aujourd'hui. Parmi tous ceux qui se disent chrétiens et qui fréquentent les églises, il y a des personnes qui n'ont pas donné leur cœur à Jésus. Elles viennent peut-être depuis toujours chanter des cantiques et lire la Bible, mais elles refusent d'accomplir la volonté de Dieu. Elles parlent bien du Seigneur, mais n'acceptent pas de lui obéir. C'est terrible…

Ma prière : Seigneur Jésus, aide-moi à t'aimer du fond du cœur et non pas du bout des lèvres.

23 décembre

Celui qui écoute ce que je dis et qui l'applique, ressemble à un homme sensé qui a bâti sa maison sur le roc.
Mais celui qui écoute mes paroles sans faire ce que je dis, ressemble à un homme assez fou pour construire sa maison sur le sable.

Bâtir sa maison, c'est une image pour construire sa vie. Le monde offre beaucoup de possibilités, beaucoup de facilité. C'est plus facile de creuser le sable que le roc…
Mais qu'est-ce qu'il vaut mieux ? Avoir une vie facile ou solide ? Les difficultés feront vite apparaître les différences.

Ma prière : Seigneur Jésus, aide-moi à écouter et à mettre en pratique ta parole pour que je puisse vivre avec toi, le roc sûr et ferme sur lequel je ne serai jamais ébranlé.

24 décembre

Quand Jésus eut fini de parler, les foules étaient impressionnées par son enseignement. Car il parlait avec une autorité que n'avaient pas leurs spécialistes de la loi.

Jésus n'était pas un vieux prophète à longue barbe.
Jésus n'avait pas fait d'école biblique.
Jésus n'était pas le fils du grand sacrificateur.
Jésus était l'envoyé de Dieu, la bouche de Dieu, le Fils de Dieu.
Ce qu'il disait était très puissant car c'était absolument vrai. Personne ne pouvait dire le contraire.
Hélas, être impressionné par la vérité n'a jamais sauvé quelqu'un. Pour être sauvé, il faut le croire.

Ma prière : Seigneur Jésus, je trouve ta parole, la Bible, merveilleuse. Merci parce que tu as travaillé dans mon cœur pour que je ne la trouve pas seulement jolie, mais pour que je la croie.

25 décembre

Voici dans quelles circonstances Jésus-Christ vint au monde : Marie, sa mère, [...] se trouva enceinte par l'action du Saint-Esprit [...]. Un ange du Seigneur apparut en rêve à Joseph et lui dit : "Joseph, [...] ne craint pas de prendre Marie pour femme, car l'enfant qu'elle porte vient de l'Esprit Saint. Elle donnera naissance à un fils, tu l'appelleras Jésus. C'est lui qui sauvera son peuple de ses péchés."

Crois-tu cela ?
Pour beaucoup, cette histoire est celle de la naissance du "petit Jésus". Mais qui est-il, cet enfant que Dieu a confié à Marie et Joseph par le moyen de son Saint-Esprit ?
C'est celui qui sauvera les hommes de leurs péchés. Un conte, une belle histoire ? ou la vérité historique la plus importante de tous les temps…

Ma prière : Seigneur Jésus, merci parce que tu es vraiment venu sur la terre pour me sauver. Merci parce que j'ai cru en toi.

26 décembre

Jésus était né à Bethléhem en Judée, sous le règne du roi Hérode. Or, des mages venant de l'Orient arrivèrent à Jérusalem. Ils demandaient : "Où est le roi des Juifs qui vient de naître ? Nous avons vu se lever son étoile, et nous sommes venus lui rendre hommage."

On raconte beaucoup de choses sur ces mages. Mais la seule chose dont on peut être sûr, c'est qu'ils avaient le grand désir d'adorer le roi des Juifs.
Quel grand roi devait-il être pour que sa naissance soit annoncée par une étoile !
Dieu a accepté que son Fils naisse dans une grande pauvreté, mais il a voulu aussi montrer la grandeur de cet enfant par un signe dans le ciel, chose unique, merveilleuse, qu'aucun homme ne pourra jamais réaliser.

Ma prière : Merci, ô Dieu, d'avoir distingué ainsi ton Fils. Merci parce que tu as révélé sa grandeur à mon cœur et parce que je crois en Lui.

27 décembre

L'étoile parvint au-dessus de l'endroit où se trouvait le petit enfant. Et là, elle s'arrêta. En revoyant l'étoile, les mages furent remplis de joie. Ils entrèrent dans la maison, virent l'enfant avec Marie, sa mère, et, tombant à genoux, ils lui rendirent hommage. Puis, ils ouvrirent leurs coffrets et lui offrirent en cadeau de l'or, de l'encens et de la myrrhe.

Quelle joie pour les mages de se voir conduits par l'étoile ! Dieu répondait au désir de leur cœur. Il les amenait lui-même aux pieds de son Fils.
Là, ils peuvent ouvrir leur cœur et leurs coffrets pour lui témoigner toute leur adoration.
Nous aussi, conduits par Dieu, nous pouvons nous retrouver pour adorer aux pieds de Jésus.
Notre cadeau ? c'est notre vie ! Il a donné la sienne pour nous sauver, il attend la nôtre en retour.

Ma prière : Seigneur Jésus, toi qui es venu sur la terre comme un petit enfant, je veux te donner ma vie. Aide-moi à le réaliser tous les jours.

28 décembre

Cependant, Dieu les avertit par un rêve de ne pas retourner auprès d'Hérode. Ils regagnèrent donc leur pays par un autre chemin.

En arrivant dans le pays de Juda, les mages ont vu deux rois. Le premier était assis sur un trône, dans un palais somptueux ; le second était assis sur les genoux de sa maman, dans une petite maison.
Auquel des deux ont-ils rendu hommage ? Ils font bien la différence entre un roi qui se trouble et un enfant annoncé par une nouvelle étoile.
Ils obéissent donc à Dieu et abandonnent Hérode à sa méchanceté.
Si tu prends le temps de regarder la vie de Jésus dans la Bible, Dieu pourra aussi te conduire. Lui obéir et se détourner du monde te paraîtra alors naturel.

Ma prière : Seigneur Jésus, aide-moi à te découvrir dans la Bible et à ne pas me lasser de sa lecture. Bénis-la dans mon cœur pour qu'elle puisse agir dans ma vie.

29 décembre

Daniel 1. 1, 2ᵃ, 3, 5, 8ᵃ

Nabuchodonosor, roi de Babylone, vint assiéger Jérusalem. Le Seigneur lui donna la victoire. Le roi [fit] venir des Israélites de lignée royale ou de famille noble. Le roi leur prescrivit pour chaque jour une part des mets de sa table. Leur formation devait durer trois ans, après quoi ils entreraient au service du roi. Daniel prit dans son cœur la résolution de ne pas se rendre impur en consommant les mets du roi et en buvant son vin.

Daniel se trouve arraché à sa famille et emmené à des centaines de kilomètres de chez lui. Son peuple a perdu la guerre et c'est Dieu qui l'a permis !
Va-t-il se révolter contre Dieu ou contre ses vainqueurs ? Va-t-il profiter de ce qu'il est loin pour se refaire une nouvelle vie bien confortable à la cour de ce grand roi ?
Non. Il veut rester fidèle à son Dieu en le servant là où il l'a placé.

Ma prière : Seigneur Jésus, aide-moi à rester près de toi, même si tout paraît contraire. Aide-moi à te faire plaisir même lorsque personne ne me voit, juste pour toi, parce que tu m'aimes.

30 décembre

Daniel prit dans son cœur la résolution de ne pas se rendre impur en consommant les mets du roi et en buvant de son vin. Il supplia le chef du personnel de ne pas l'obliger à se rendre impur. Et Dieu lui accorda la faveur du chef du personnel et lui fit trouver en lui quelqu'un de compréhensif.

Daniel a pris une décision. Mais il est prisonnier ; ce n'est pas lui qui choisit ce qu'il mange… Comment va-t-il donc pouvoir obéir à Dieu ? C'est Dieu qui va incliner le cœur de leur gardien pour qu'il écoute Daniel et accepte sa demande.

Aujourd'hui, le Seigneur est toujours aussi puissant pour incliner les cœurs des hommes, même de ceux qui ne croient pas en lui. Tu peux le prier pour que ceux qui t'entourent respectent ta foi. Tu peux aussi prier pour que ton maître ou ta maîtresse ne t'oblige pas à lire des livres ou à regarder des films qui soient opposés à Dieu.

Ma prière : Seigneur Jésus, s'il te plaît, travaille dans le cœur de mon maître (ou de ma maîtresse) pour que l'on n'étudie pas Harry Potter ou d'autres œuvres mauvaises.

31 décembre

Le chef du personnel répondit à Daniel : "Je crains mon seigneur le roi qui a prescrit ce que vous devez manger et boire. Si jamais il trouvait que vous avez l'air d'être en moins bonne santé que les autres, il m'en rendrait responsable et je le paierais de ma vie." Alors Daniel lui proposa : "Fais donc un essai avec nous pendant dix jours."
Au bout de ces dix jours, il était manifeste qu'ils avaient meilleure mine que tous les jeunes gens qui mangeaient les mets du roi.

Ce texte s'applique à toi aujourd'hui. Tu es comme Daniel. Les aliments, ce sont toutes les choses qui nourrissent ton esprit, tes pensées.
Beaucoup de gens du monde pensent qu'il n'est pas mauvais que les enfants soient confrontés à la violence, aux jeux de l'amour et même à l'horreur. Peut-on devenir adulte sans cela ?
Faisons l'essai…

Ma prière : Seigneur Jésus, donne-moi la force de refuser les mauvaises nourritures comme les livres, les films ou les jeux vidéos qui ne te font pas plaisir.

1
janvier

Le roi s'entretint avec eux et, de tous les jeunes gens qui lui furent présentés, il n'en trouva aucun comme Daniel, Hanania, Michaël et Azaria. C'est pourquoi ils entrèrent au service personnel du roi. Chaque fois que le roi les consultait sur une question exigeant à la fois de la sagesse et du discernement, il les trouvait dix fois supérieurs à tous les mages et magiciens de son royaume.

- Les légumes rendent plus intelligent ?
- Non ! C'est Dieu qui a donné la sagesse à Daniel et à ses amis, en réponse à leur profond désir de lui obéir et de lui faire plaisir.
- Alors, si j'obéis à Dieu, il me donnera plus d'intelligence et je serai ingénieur ou médecin ?
- Non, cette intelligence n'est pas celle des hommes. Ce n'est pas être fort en maths ou en français. C'est plutôt la capacité de regarder et de comprendre toutes les choses de la vie de manière juste et vraie.

Ma prière : Merci Seigneur Jésus parce que tu bénis richement ceux qui veulent t'obéir. S'il te plaît, aide-moi à désirer t'obéir, et à le faire.

2 janvier

La seconde année de son règne, le roi fit un rêve qui le troubla au point qu'il en perdit le sommeil. Il ordonna de convoquer les mages [...] pour qu'ils lui révèlent ses rêves. Ils vinrent et se tinrent devant le roi.
-"Exposez-moi donc mon rêve et ce qu'il signifie", [leur dit-il].
-"Ce que le roi demande est trop difficile et il n'y a personne qui soit capable de révéler cette chose au roi, excepté les dieux."

Le roi savait bien que, s'il racontait son rêve, ses mages allaient inventer n'importe quelle explication. Ces "sages" sont donc obligés d'avouer leur impuissance. Aujourd'hui encore, beaucoup de gens prétendent qu'ils peuvent discerner l'avenir. Ce sont tous des menteurs, des trompeurs, comme le diable auquel ils obéissent! S'ils ont tant de succès, c'est que leurs clients ne sont pas aussi exigeants que le roi.

Ma prière: Seigneur Jésus, aide-moi à ne pas m'intéresser à tout ce qui est astrologie ou horoscopes, même "pour m'amuser". Aide-moi à ne pas penser, même une minute, que cela peut être vrai.

3
janvier

Le roi s'irrita et entra dans une colère violente. Il ordonna de mettre à mort tous les sages de Babylone. Daniel se rendit auprès du roi et le pria de lui accorder un délai en lui disant qu'il lui ferait alors connaître l'interprétation. Puis, il rentra chez lui et informa ses compagnons de ce qui s'était passé, en leur demandant de supplier le Dieu des cieux que, dans sa grâce, il leur révèle ce secret.

Daniel se trouve face à un problème terrible! Comment celui que Dieu a rempli de sagesse va-t-il réagir?
1. Il ne panique pas; il n'a pas peur de demander un peu de temps.
2. Il fait appel à toute sa foi en Dieu en affirmant au roi qu'il pourra lui donner une réponse.
3. Il rentre chez lui, au calme, loin du monde.
4. Il demande à ses amis de prier.
5. Il fait appel au vrai Dieu et à sa grâce.

Ma prière: Seigneur Jésus, aide-moi à ne jamais avoir peur et à savoir faire appel à toi en toutes circonstances, seul ou avec de vrais amis. Apprends-moi à suivre l'exemple de Daniel.

4 janvier

Au cours de la nuit, dans une vision, le secret fut révélé à Daniel. Alors celui-ci loua le Dieu des cieux : il dit "Loué soit Dieu, dès maintenant et à toujours. C'est toi, Dieu de mes pères, que je célèbre et que je loue, tu m'as rempli de sagesse et de force et tu m'as fait connaître ce que nous t'avons demandé, tu nous as révélé ce que le roi demande."

Daniel ne s'y trompe pas : c'est Dieu qui lui a révélé ce secret.
Aussi, sa première réaction est de le louer, c'est-à-dire de proclamer tout le bien qu'il pense de lui, pour lui dire merci.

Ma prière : Seigneur Jésus, aide-moi à toujours penser à te dire merci. Apprends-moi à te louer et à chanter des cantiques pour te faire plaisir.

5 janvier

Il nous donne tout ce que nous lui demandons, parce que nous obéissons à ses commandements et que nous faisons ce qui lui plaît.

L'obéissance est la clé qui nous permet de recevoir ce que nous demandons. Mais attention! Si Dieu nous donne ce que nous demandons, ce n'est pas pour récompenser notre obéissance! C'est parce que, plus nous lui obéissons, plus nous recherchons à lui faire plaisir, et plus nos demandes sont selon sa volonté. Tu comprends?

Tu désires obéir à Dieu,
DONC tu fais ce qui lui plaît,
DONC tu lui demandes des choses qui lui plaisent,
DONC il te les donne.

Ma prière: Seigneur Jésus, merci parce que tu m'aimes. Merci parce que tu veux toujours mon bien. Aide-moi à t'obéir, à rechercher à te faire plaisir, pour que je puisse avoir la même pensée que toi sur les choses de ma vie.

6
janvier

Que nous commande-t-il ? De placer notre confiance en son Fils Jésus-Christ et de nous aimer les uns les autres, comme il nous l'a lui-même prescrit.

Les commandements de la loi de Moïse sont au nombre de 10. Comme tes 10 doigts, parce que cette loi demandait de FAIRE des choses pour être sauvé.
Les commandements de la loi du chrétien sont au nombre de 2. Comme les 2 parties de ton cœur, parce que cette loi ne demande qu'une chose : AIMER.

Aimer Jésus, mettre notre confiance en lui

Aimer les autres, comme lui nous a aimés.

Ma prière : Seigneur Jésus, merci pour les merveilleux commandements que tu m'as donnés. Aide-moi à t'aimer toujours plus ainsi que tous ceux qui m'entourent.

7 janvier

Celui qui obéit à ses commandements demeure en Dieu et Dieu demeure en lui. Et à quoi reconnaissons-nous qu'il demeure en nous ? À l'Esprit qu'il nous a donné.

"Suis-je vraiment sauvé ?"

Que nous dit ce verset ?
Dieu demeure en celui qui lui obéit.
Si Dieu demeure en moi, c'est que je lui appartiens, c'est que je suis sauvé.
Son Esprit m'en donne l'assurance.
Je ne vois pas cet Esprit en moi, mais je peux en voir le résultat : toutes les bonnes choses que je fais et qui ne viennent pas de mes propres forces.
Exemples : Aimer ceux qui ne sont pas aimables.
Être joyeux même quand rien ne va.
Être tranquille même dans les difficultés…

Ma prière : Seigneur Jésus, merci parce que tu m'as sauvé. Merci parce que je t'appartiens. Aide-moi à t'obéir pour que ton Esprit puisse librement porter des fruits en moi.

8 janvier

1 Jean 4. 7, 8

Mes chers amis, aimons-nous les uns les autres, car l'amour vient de Dieu. Celui qui aime est né de Dieu et il connaît Dieu. Qui n'aime pas n'a pas connu Dieu, car Dieu est amour.

Comment reconnaître un poussin d'un caneton ?
Le premier ne supporte pas l'eau, le second s'y sent très à l'aise.

Comment reconnaître quelqu'un qui connaît Dieu de quelqu'un qui ne le connaît pas ?
Celui qui est né de nouveau, né de Dieu, est comme lui : il aime. Il aime, tout simplement, sans limites, sans restriction.

Car "Dieu est Amour".

Ma prière : Seigneur Jésus, aide-moi à mieux te connaître pour aimer comme toi.

9
janvier

Voici comment Dieu a démontré qu'il nous aime : il a envoyé son Fils unique dans le monde pour que, par lui, nous ayons la vie.

Pourquoi Jésus-Christ, le Fils de Dieu, est-il venu sur la terre ?
Pourquoi a-t-il été tenté ?
Pourquoi a-t-il souffert ?
Pourquoi a-t-il été rejeté ?
Pourquoi est-il mort ?

Pour que Dieu puisse nous prouver son amour !

Qui pourrait douter de l'amour de celui qui a envoyé son Fils "pour que par lui, nous ayons la vie" ?

Ma prière : Ô Dieu, aide-moi à ne jamais douter une seconde de ton amour. Si le diable ou les hommes viennent me souffler que tu ne m'aimes pas, fais-moi tout de suite penser à cette si grande preuve d'amour que tu m'as donnée : la vie de ton Fils.

10 janvier

Voici en quoi consiste l'amour : ce n'est pas nous qui avons aimé Dieu, mais c'est lui qui nous a aimés ; aussi a-t-il envoyé son Fils pour apaiser la colère de Dieu contre nous en s'offrant pour nos péchés. Mes chers amis, puisque Dieu nous a tant aimés, nous devons, nous aussi, nous aimer les uns les autres.

Dans un dictionnaire, quand on veut expliquer la définition d'un mot ou d'une expression, on donne un exemple.

Ce verset est la définition de l'amour. L'exemple, c'est le plus grand des exemples : celui de Dieu.

Lui est parfait, nous sommes pécheurs.

Il était en colère, nous méritions sa colère.

Il nous a sauvés alors que nous ne pouvions rien faire.

Aimer, c'est descendre au fond du puits chercher son ennemi.

Ma prière : Seigneur Jésus, je veux t'adorer pour la grandeur infinie de ton amour. Puisque tu m'as montré ce qu'est l'amour, donne-moi de le vivre aussi envers les autres.

11
janvier

Dieu, personne ne l'a jamais vu. Mais si nous nous aimons les uns les autres, Dieu demeure en nous et son amour se manifeste pleinement parmi nous.

"Je ne crois que ce que je vois."
Voilà ce que disent ceux qui refusent la foi. Ils nous disent souvent que, s'ils voyaient Dieu, alors ils pourraient croire en lui.
Que nous dit ce verset ? Que si nous l'aimons, cet amour montrera aux incroyants l'œuvre de Dieu dans nos cœurs. En voyant ce travail, ils comprendront mieux qui est Dieu, encore mieux que s'ils pouvaient le voir.
Aimer, c'est le témoignage le plus puissant qui soit. Mais attention, ce verset précise bien la source de cet amour : Dieu.

Ma prière : Seigneur Jésus, aide-moi à désirer aimer. Mais que cet amour ne soit pas un déguisement mais la réalité que tu veux verser dans mon cœur. Donne à tous tes enfants de s'aimer toujours plus pour que beaucoup de gens puissent te connaître.

12 janvier

La terre et ses richesses appartiennent à l'Éternel. L'univers est à lui avec ceux qui l'habitent. C'est lui qui a fondé la terre sur les mers, qui l'a établie fermement au–dessus des cours d'eau.

Lorsque le diable a tenté Jésus dans le désert, il lui a promis de lui donner la terre entière s'il se prosternait devant lui. Mais dans ces versets, nous voyons bien que la terre appartient à Dieu - et donc à Jésus - depuis toujours ! C'est lui qui l'a créée, ainsi que la mer et tout l'univers. David décrit le soin avec lequel Dieu a bâti cette terre, un peu comme on bâtit une maison pour qu'elle soit solide, avec de bonnes fondations. Même si on a souvent l'impression que c'est le diable qui règne sur la terre à cause de tout le mal que font les hommes, il ne faut pas oublier que c'est Dieu le créateur et le propriétaire de l'univers. Comme David, nous pouvons le louer pour cela.

Ma prière : Seigneur, que tu es grand et puissant ! Merci d'avoir créé toutes les choses merveilleuses que je vois dans la nature. Merci parce que tu tiens tout dans ta main.

13 janvier

Qui pourra accéder au mont de l'Éternel ? Qui pourra se tenir dans sa demeure sainte ?
L'innocent aux mains nettes et qui a le cœur pur, qui ne se tourne pas vers le mensonge, et qui ne jure pas pour tromper son prochain.

Connais-tu quelqu'un, dans ton entourage, qui correspond à cette description ?
La Bible nous dit ailleurs "Il n'y a pas de juste, non, pas même un seul." Alors, qui donc peut se tenir dans la demeure de l'Éternel ?
Personne. Absolument aucun homme n'est capable de s'y tenir sauf… Jésus et tous ceux qui ont été lavés de leurs péchés dans son sang.
C'est merveilleux de pouvoir répondre : "MOI !"

Ma prière : Merci Seigneur Jésus parce que tu m'as purifié en mourant sur la croix. Grâce à toi, je pourrai entrer dans la présence de Dieu, dans le ciel.

14
janvier

Portes, levez la tête, ô portes, levez–vous. Relevez vos frontons, ô portes, haussez–vous, vous, portes éternelles, pour que le Roi de gloire y fasse son entrée ! Qui est ce Roi de gloire ? Le Seigneur des armées célestes, c'est lui le Roi de gloire.

Quand David a amené l'arche de l'Éternel à Jérusalem, il a dansé, chanté et fait des sacrifices tout au long du chemin. Pour lui, ce coffre de bois était le signe de la présence du Roi des rois. Peut-être pensait-il à cette journée, si belle pour lui, quand il a écrit ces versets. Mais un jour, le Seigneur entrera réellement dans Jérusalem comme un roi revenant victorieux de la guerre. Ce ne sera plus le Jésus humble et doux, monté sur un ânon, mais le roi de gloire. Quel grand jour ce sera !

Ma prière : Seigneur Jésus, bientôt, tu gagneras défi-nitivement la guerre contre le diable, et ce sera merveilleux. Mais alors, tous ceux qui n'auront pas cru en toi seront perdus… S'il te plaît, sauve encore beaucoup de pécheurs avant qu'il ne soit trop tard.

15 janvier

En toi, mon Dieu, j'ai mis ma confiance. Ne permets pas que je sois dans la honte, et que mes ennemis se réjouissent de mon sort. Aucun de ceux qui s'attendent à toi ne connaîtra jamais la honte. Mais honte à ceux qui te trahissent sans raison.

Pouvons-nous faire la même prière aujourd'hui ? C'est difficile, quand il y a le modèle du Seigneur Jésus devant nous... Quand il est mort sur la croix, ses ennemis se sont réjouis de son sort. Il a connu la honte, lui qui s'attendait à l'Éternel... En supportant cela, il a glorifié Dieu et nous a laissé un exemple.

Pendant la seconde guerre mondiale, une chrétienne de Hollande a été arrêtée avec sa sœur et emmenée en prison. Avec toutes les autres prisonnières, elle a dû rester longtemps toute nue devant des soldats et elle a eu très honte. Mais sa sœur s'est retournée vers elle et lui a chuchoté : "Oh ! Corrie ! Le Seigneur aussi était nu sur la croix..." Alors elle a compris combien il avait souffert de cela aussi, pour elle.

Ma prière : Seigneur Jésus, merci parce que tu as tout supporté pour me sauver. Aide-moi, à mon tour, à tout supporter pour toi.

16 janvier

O Éternel, montre–moi le chemin, enseigne-moi quelle est la voie que tu veux que je suive. Dirige–moi selon ta vérité et instruis-moi! Car c'est toi le Dieu qui me sauve, et je m'attends à toi à longueur de journée.

Pour faire cette demande, il faut d'abord se rendre compte que l'on ne peut pas trouver soi-même le bon chemin. Si on essaie d'avancer seul, en se disant qu'on peut très bien se débrouiller sans aide, on va toujours vers la catastrophe. La vie sur la terre est pleine de dangers, et nous avons tous besoin d'être guidés, comme pour une excursion en haute montagne. Notre guide, c'est Dieu. Notre carte, c'est Dieu. Notre boussole, c'est Dieu. Quand David fait cette prière, ce n'est plus un enfant. Il a déjà fait plein d'expériences. Et pourtant, il sait qu'il a encore et toujours besoin de Dieu pour avancer.

Ma prière : Seigneur Jésus, montre-moi le chemin, enseigne-moi quelle est la voie que tu veux que je suive. Aide-moi à t'écouter chaque matin et à faire ta volonté.

17 janvier

Pour l'amour de ton nom, ô Éternel,
pardonne mon péché qui est si grand.

Pourquoi Dieu veut-il pardonner les péchés ?
Réfléchissons : Il a créé l'homme et lui a donné des conditions de vie merveilleuses. Mais l'homme s'est moqué de lui. Quelles sont donc les raisons qui amènent Dieu à sacrifier son Fils unique pour sauver ces créatures-là, au lieu de les exterminer ?
Il n'y en a qu'une : lui-même. Il a fait cette œuvre merveilleuse du salut parce qu'il est Dieu.
Tu connais certainement ce très petit verset :
                    "Dieu est Amour."
Ça veut dire qu'il est lui-même l'Amour.
                    Amour = Dieu
S'il n'avait pas le désir de nous sauver, il se renierait lui-même, c'est-à-dire qu'il ne serait pas Dieu "jusqu'au bout".

Il pardonne nos péchés pour l'amour de son nom.

Ma prière : Ô mon Dieu, que ton amour est grand !
Merci parce que tu m'as sauvé pour la gloire de ton
nom.

18
janvier

Vois ma misère et ma souffrance,
pardonne-moi tous mes péchés !

Dieu nous aime et veut nous pardonner.
Mais notre responsabilité, à nous, c'est de recon-
naître que nous avons besoin de son amour et de
son pardon.
Dans ce verset, David ne dit pas : "Tu m'as choisi
pour être roi sur Israël et tu as eu bien raison : je suis
beau, je suis costaud, et je suis futé. Mais surtout, je
marche droit et je t'obéis. Pas comme ce Saül, là,
qui n'en fait qu'à sa tête…"
Non ! Relis ce qu'il dit.
Il reconnaît sa misère et son péché.
Alors, Dieu lui pardonne tout de suite.

Tu vois, c'est simple !
Alors, essaie, toi aussi…

Ma prière : Seigneur Jésus, merci parce que tu as
pris tous mes péchés et que tu as été puni comme si
c'est toi qui les avais faits. Aide-moi à reconnaître
ce que je fais de mal et à te le confesser pour rece-
voir ton pardon.

19 janvier

Un lépreux s'approcha et se prosterna devant Jésus en disant : Seigneur, si tu le veux, tu peux me rendre pur.
Jésus tendit la main et le toucha en disant : Oui, je le veux, sois pur.
A l'instant même, il fut guéri de sa lèpre.
- Attention, lui dit Jésus, ne dis à personne ce qui t'est arrivé ; mais va te faire examiner par le prêtre et apporte l'offrande prescrite par Moïse. Cela leur servira de témoignage.

Quoi ? Le Seigneur veut empêcher quelqu'un de parler de lui ?
Non, mais le Seigneur ne veut pas de publicité sensationnelle. Il n'est pas un guérisseur, un simple médecin. Il veut le témoignage de toute notre vie et pas simplement celui d'un instant.

Ma prière : Seigneur Jésus, aide-moi à rendre un bon témoignage par mon obéissance à ta parole.

- *Seigneur, dit alors l'officier, je ne suis pas qualifié pour te recevoir dans ma maison, mais tu n'as qu'un mot à dire et mon serviteur sera guéri.*
- *Rentre chez toi et qu'il te soit fait selon ce que tu as cru.*
Et, à l'heure même, son serviteur fut guéri.

Chez les Romains, un maître avait tout pouvoir sur ses esclaves. Il pouvait même les tuer sans qu'on ne lui dise rien. Mais ce centurion montre beaucoup d'affection pour son serviteur. Il veut qu'il guérisse. Va-t-il chercher un médecin, des médicaments ? Non. À l'époque, ils n'étaient pas très efficaces... Il va voir quelqu'un de différent. Il a compris que ce Jésus a l'autorité sur toute chose et que la maladie doit lui obéir comme un esclave obéit à son maître ou un soldat à son général. Il a aussi compris que Jésus n'est pas seulement puissant : il est plein d'amour...

Ma prière : Seigneur Jésus, aide-moi à ne jamais oublier ta puissance et ton amour. donne-moi une confiance en toi aussi grande que celle de ce centurion.

21 janvier

Matthieu 8. 14, 15

*Jésus se rendit alors à la maison de Pierre.
Il trouva la belle-mère de celui-ci alitée,
avec une forte fièvre.
Il lui prit la main, et la fièvre la quitta. Alors
elle se leva et le servit.*

Tu as sûrement déjà eu beaucoup de fièvre.
Ouh! Ce que l'on n'est pas bien! Et quand elle est
vraiment forte, on ne peut même pas jouer, même
pas lire. Alors encore moins travailler!
Cela nous fait penser à notre incapacité à servir
Dieu par nous-même.
Mais si Jésus nous prend par la main, alors tout chan-
ge, on peut se lever et servir!

**Ma prière: Seigneur Jésus, aide-moi à vraiment
comprendre que sans toi je ne peux rien faire de
bon. Merci parce qu'alors, tu viens me prendre par
la main et que je peux te servir.**

22 janvier

Il monta dans une barque et ses disciples le suivirent. Tout à coup, une grande tempête se leva sur le lac et les vagues passaient par–dessus la barque. Pendant ce temps, Jésus dormait. Les disciples s'approchèrent de lui et le réveillèrent en criant: Seigneur, sauve-nous, nous sommes perdus!

Une grosse tempête. Le vent mugit, la voile claque, le pont du bateau est balayé par les vagues, les marins s'affolent et crient et… Le Seigneur dort.
J'ai souvent eu l'impression que le Seigneur dormait au beau milieu des tempêtes de ma vie… Que de fois j'ai cru que mes problèmes étaient sans issues! Comme les disciples, je voulais faire quelque chose, n'importe quoi, me débrouiller…
Pourtant, le Seigneur nous montre toujours le bon exemple: la confiance.
Un bateau dans lequel se trouve le créateur du monde peut-il couler?
Une vie avec Jésus peut-elle être perdue?

Ma prière: Seigneur Jésus, aide-moi à te faire confiance même quand tout ce qui m'arrive ressemble à une tempête.

23 janvier

Jésus leur dit : Pourquoi avez-vous si peur ? Votre foi est bien petite ! Alors il se leva, parla sévèrement au vent et au lac, et il se fit un grand calme. Saisis d'étonnement, ceux qui étaient présents disaient : Quel est donc cet homme pour que même les vents et le lac lui obéissent ?

Pourquoi les disciples ont-ils réveillé le Seigneur ? Pour qu'il leur donne un coup de main et qu'il les aide à rentrer la voile ? Non, bien sûr ! Ils attendaient un miracle.

Bon, alors pourquoi restent-ils bouche bée quand le miracle arrive ? Parce que leur foi est petite. Le Seigneur le leur a dit et leur stupéfaction le prouve.

Les réponses du Seigneur nous étonneront et nous émerveilleront toujours. Mais combien de temps encore ma foi restera-t-elle si petite ?

Ma prière : Merci, Seigneur Jésus, pour tes réponses merveilleuses. Donne-moi une foi toujours plus grande, qui se souvienne des miracles que tu as déjà accomplis dans la Bible et dans ma vie.

24
janvier

On amena à Jésus un paralysé couché sur un brancard. Lorsqu'il vit quelle foi ces gens avaient en lui, Jésus dit au paralytique : Prends courage, mon enfant, tes péchés te sont pardonnés. Je te l'ordonne : lève-toi, prends ton brancard et rentre chez toi.
Le paralysé se leva et s'en alla chez lui.

Pour recevoir du Seigneur, il faut lui accorder toute notre confiance ; c'est la foi.
Ici, le Seigneur guérit un paralysé. Mais celui-ci n'avait pas pu venir tout seul à Jésus. Quatre hommes ont dû le porter. Et s'ils l'ont fait, c'est parce que, eux aussi, ils avaient l'assurance que Jésus pouvait - et voudrait guérir leur ami.
Jésus ne s'y trompe pas : il remarque "la foi de ces gens."
Toi qui pries pour ta maîtresse ou ton maître, pour tes camarades ou, peut-être, pour quelqu'un de ta famille qui n'a pas encore donné son cœur à Jésus ou qui a des ennuis, tu peux être sûr que Jésus connaît et apprécie ta foi.

Ma prière : Seigneur Jésus, aide-moi à t'apporter les autres dans mes prières avec toujours plus de foi.

25 janvier

Un jour, Jésus était à table chez Matthieu. Or, beaucoup de collecteurs d'impôts et de pécheurs notoires étaient venus et avaient pris place à table avec lui et ses disciples. En voyant cela, les pharisiens interpellèrent ses disciples : Comment votre maître peut-il s'attabler de la sorte avec des collecteurs d'impôts et des pécheurs notoires ? Mais Jésus, qui les avait entendus, leur dit : Les bien portants n'ont pas besoin de médecin ; ce sont les malades qui en ont besoin. Allez donc apprendre quel est le sens de cette parole : Je désire que vous fassiez preuve d'amour envers les autres plutôt que vous m'offriez des sacrifices. Car je ne suis pas venu appeler des justes, mais des pécheurs.

Ma prière : Merci, Seigneur Jésus, parce que tu veux t'approcher de tous les hommes. Merci parce que tu t'es approché de moi, pécheur. Aide-moi à ne mépriser personne.

26 janvier

Mon fils, si l'Éternel te corrige, n'en fais pas fi, s'il te reprend, ne t'impatiente pas, car c'est celui qu'il aime que l'Éternel reprend, agissant avec lui comme un père avec l'enfant qu'il chérit.

Être corrigé ne nous apparaît pas toujours comme étant une marque d'amour. Pourtant, c'est peut-être la plus difficile. Quand tes parents te grondent ou te punissent, ils prennent le risque d'être moins aimés pour te faire progresser. Ce serait tellement plus facile de laisser faire…
Mais être corrigé n'est pas agréable. Alors on peut avoir deux attitudes différentes:
1. on peut s'en moquer, faire "le gros dos", ou bien s'impatienter.
2. on peut essayer de comprendre la leçon pour que, si possible, ce soit la dernière fois…

Ma prière: Seigneur Jésus, aide-moi à discerner ton amour dans tout ce que tu fais. Aide-moi à bien apprendre ce que tu veux me dire par toutes les expériences par lesquelles tu me fais passer.

27
janvier

Quand tu te coucheras, tu n'éprouveras aucune crainte, et ton sommeil sera paisible, tu n'auras pas à redouter un désastre imprévu, ni la ruine qui ne manquera pas de fondre sur les méchants, car l'Éternel sera ton assurance, il gardera ton pied de tout piège.

Voilà une promesse que seul Dieu peut faire.
Les hommes sans Dieu prennent beaucoup d'assurances : ils assurent leur maison, leur santé, et même leur vie ! Mais cela ne les empêche pas d'avoir peur. Du coup, ils prennent aussi des somnifères.
Pourquoi tous ces gens n'arrivent-ils pas à dormir ? Parce qu'ils ont peur du noir ? Du rideau qui bouge ou du vent dans les volets ? Non ! C'est parce qu'ils ont peur du lendemain, de la maladie, de la vieillesse, de la mort…
Celui qui met sa confiance en Jésus n'a pas peur de tout cela. Il sait que, toujours et partout, son Sauveur sera avec lui et l'aidera à surmonter les difficultés, quand il en rencontrera. Il peut dormir tranquille.

Ma prière : Merci, Seigneur Jésus, parce que je peux être assuré de ta garde et de ta protection. Aide-moi à vraiment te faire confiance de tout mon cœur.

28 janvier

Si tu en as le moyen, ne refuse pas de faire du bien à celui qui est dans le besoin, ne dis pas à ton prochain : "Va-t'en et reviens plus tard, demain je te donnerai", alors que tu peux le faire tout de suite.

On ne peut pas donner ce que l'on ne possède pas. Souvent, on voudrait garder ce qu'on a et donner ce que l'on n'a pas :
"Ah ! Si j'avais plus d'argent, je pourrais être plus généreux..." dira celui qui a beaucoup de temps libre.
"Ah ! Si j'avais plus de temps, je pourrais plus aider les autres..." dira celui qui a beaucoup d'argent.

Et moi, qu'est-ce que j'ai ?
- de l'amour, pour dire un mot gentil
- du temps pour aider Maman ou pour ranger ma chambre
- une jolie voix pour chanter un cantique à ma grand-mère...

Ma prière : Seigneur Jésus, aide-moi à rechercher à faire du bien avec ce que j'ai, et à ne jamais le remettre à demain.

29 janvier

Par-dessus tout : veille soigneusement sur ton cœur, car il est à la source de tout ce qui fait ta vie.

Tout ce que la Bible nous dit est important. Cependant, certains versets sont comme des clés. L'obéissance à ces versets nous ouvre la porte d'une vie selon la pensée de Dieu.

Le "par-dessus tout" qui commence le verset d'aujourd'hui nous indique que nous nous trouvons devant une de ces portes.

Dans la Bible, ton cœur représente tout ce qui concerne tes pensées, non seulement ce que tu aimes, mais aussi ta volonté, tes désirs, tes réflexions. Toute ta vie est conduite par ce que tu laisses entrer dans ton cœur.

Alors, que choisiras-tu ? Jésus, son amour, son renoncement, sa douceur ? Ou le monde, son égoïsme, ses ambitions et sa soif de tout posséder ? Veille soigneusement, car le diable rôde autour de toi comme un lion rugissant pour chercher à te dévorer.

Ma prière : Seigneur Jésus, aide-moi chaque jour, à chaque instant, à veiller sur mon cœur pour ne pas accepter des choses qui ne te feraient pas plaisir. Que tout ce qui fait ma vie puisse te faire plaisir.

30 janvier

Toi qui es paresseux, va donc voir la fourmi, observe son comportement et tu apprendras la sagesse. Elle n'a ni surveillant, ni contremaître, ni chef. Durant l'été, elle prépare sa nourriture, au temps de la moisson, elle amasse ses provisions.

Si tu vas dehors, tu as peu de chances de rencontrer des fourmis. Évidemment! C'est l'hiver! Pourtant, elles ne sont pas mortes... Elles sont bien à l'abri dans leurs fourmilières et peuvent survivre grâce aux réserves qu'elles ont accumulées durant l'été. Mais quel travail pour en arriver là!

Il y a un moment pour toutes choses. C'est pour cela qu'il est important, matin après matin, sans te lasser, d'apprendre la manière de vivre qui fait plaisir au Seigneur Jésus. C'est comme une nourriture qui te permet de traverser la journée sans être tenté par le péché.

Ma prière: Seigneur Jésus, donne-moi de l'énergie pour amasser ma "nourriture biblique" chaque matin. Aide-moi à ne pas être paresseux.

31
janvier

Proverbe 6. 10-11

"Je vais faire juste un petit somme, dis-tu, juste un peu m'assoupir, rien qu'un peu croiser les mains et rester couché un instant." Mais pendant ce temps, la pauvreté s'introduit chez toi comme un rôdeur, et la misère comme un pillard.

Combien on aimerait parfois, pendant les vacances ou le mercredi, faire la grasse matinée... et après, démarrer la journée sans prendre le temps de lire la Bible ou de prier...
Mais attention, une fois en entraîne une autre et le diable pourra nous voler les trésors que le Seigneur Jésus voudrait nous révéler!

Ma prière : Seigneur Jésus, donne-moi d'être fort, de résister à mes envies de paresse. Aide-moi à me coucher le soir et à me lever le matin.

1
février

C'est un vaurien, un personnage ignoble, celui qui va, colportant des mensonges. [...] Il n'y a que des pensées perverses dans son cœur, il manigance du mal et passe son temps à susciter des querelles. Aussi la ruine fondra-t-elle sur lui sans crier gare, il sera brisé soudainement et sans remède.

Rapporter des mensonges...
Faire naître des disputes...
Relis bien ces versets pour savoir:
    ce qu'en pense la Bible
       ce qui est promis à ceux qui le font

Ma prière: Seigneur Jésus, aide-moi à faire très attention à tout ce que je dis. Aide-moi à m'assurer que tout ce que je dis sur les autres est vrai et plein d'amour.

2
février

Les disciples de Jean vinrent trouver Jésus et lui demandèrent : "Comment se fait-il que tes disciples ne jeûnent pas, alors que nous, comme les pharisiens, nous le faisons souvent ?" Jésus leur répondit : "Comment les invités d'une noce pourraient-ils être tristes tant que le marié est avec eux ? Le temps viendra où celui-ci leur sera enlevé. Alors ils jeûneront."

Jeûner, c'est se priver de manger. En général, on le fait pour montrer sa tristesse et pour s'approcher de Dieu. À l'époque de Jésus, les hommes qui voulaient plaire à Dieu jeûnaient beaucoup. Certains le faisaient deux jours par semaine.

Mais les disciples n'avaient pas besoin de jeûner pour s'approcher de Dieu, puisqu'il était au milieu d'eux !

Aujourd'hui, nous n'avons pas à nous forcer à être tristes pour nous approcher de Dieu. Au contraire, sa présence nous remplit de joie.

Ma prière : Merci, Seigneur Jésus, pour la joie que tu me donnes. Aide-moi à penser à toi pour que cette joie demeure toujours en moi.

3
février

On ne verse pas dans de vieilles outres du moût qui fermente, sinon le vin nouveau les fait éclater, il se répand et les outres sont perdues. Non, on met le vin nouveau dans des outres neuves. Ainsi le vin et les outres se conservent.

Une outre, c'est un sac en peau de chèvre. Le moût, c'est le jus du raisin qui sort du pressoir où l'on a écrasé les grappes. Sous l'action des microbes, ce jus va avoir une sorte de fièvre qui va le faire bouillir et le transformer en vin. Cette étape, la fermentation, dégage beaucoup de gaz et faisait beaucoup gonfler les outres. Elles ne pouvaient donc résister qu'à une seule fermentation. Si on les utilisait de nouveau l'année suivante, elles craquaient.

De même, l'enseignement de Jésus doit être reçu dans un cœur nouveau pour être conservé et profitable. Voilà pourquoi le monde rejette ce que dit la Bible : il ne peut pas le supporter... il craque !

Ma prière : Merci, Seigneur Jésus, parce que tu as changé mon cœur. Merci parce que je peux ainsi aimer ce que tu me dis. Aide-moi aussi à le mettre en pratique.

4
février

*Un juif dit à Jésus : "Ma fille vient de mourir :
mais viens lui imposer les mains, et elle
revivra." A ce moment, une femme qui
souffrait depuis douze ans s'approcha de lui
et toucha la frange de son vêtement. Elle se
disait : "Si seulement j'arrive à toucher son
vêtement, je serai guérie." Lorsque Jésus
partit de là, deux aveugles le suivirent en
criant : "Fils de David, aie pitié de nous !" Il
leur dit : "Croyez-vous que j'ai le pouvoir de
faire ce que vous me demandez ?
- Oui, Seigneur". Alors il toucha leurs yeux en
disant : "Qu'il vous soit fait selon votre foi !"*

La petite fille sera ressuscitée, la femme guérie de sa
maladie et les aveugles recouvriront la vue.
Le Seigneur répond à chacun selon sa foi.
Plus nous connaissons le Seigneur, plus nous éprou-
vons combien il est digne de notre confiance et plus
notre foi augmente.

**Ma prière : Seigneur Jésus, aide-moi à toujours
mieux te connaître pour que je puisse toujours
m'appuyer sur toi.**

5 février

En voyant les foules, Jésus fut pris de pitié pour elles, car ces gens étaient inquiets et abattus, comme des brebis sans berger. Alors il dit à ses disciples : "La moisson est abondante, mais les ouvriers sont peu nombreux ! Demandez donc au Seigneur, à qui appartient la moisson, d'envoyer des ouvriers pour la rentrer."

Quel amour dans ce regard du Seigneur…
Aujourd'hui aussi, les gens sont inquiets et tristes. Le monde a bien ses chefs et ses stars, mais y a-t-il des bergers qui prennent soin des autres ?
La moisson représente tous ceux qui sont prêts à accueillir l'évangile. Demandons au Seigneur d'envoyer des évangélistes et des missionnaires pour leur apporter le salut en Jésus. Mais attention ! Pour pouvoir demander cela, il faut être prêt à y répondre soi-même ! Es-tu prêt à témoigner ? Refuserais-tu que le Seigneur fasse de toi un missionnaire ?

Ma prière : Seigneur Jésus, mets dans le cœur de beaucoup de chrétiens de devenir des ouvriers de l'évangile. Ouvre mon cœur à l'amour pour tous les hommes et montre-moi ce que tu veux que je fasse.

6
février

"Voici : je vous envoie comme des brebis au milieu des loups. Soyez prudents comme des serpents et innocents comme des colombes."

Le Seigneur se sert souvent d'animaux pour nous parler. Cela peut nous surprendre qu'il nous demande d'être comme des serpents, mais celui-ci a une qualité toute particulière : il est très patient et très prudent. Un serpent est capable d'attendre sa proie plusieurs jours, sans bouger et en restant bien caché. Lorsque sa victime passe enfin, il n'hésite pas !
La colombe, c'est cet animal blanc qui symbolise la pureté.
Un bon ouvrier de l'évangile sera donc
. prudent : il ne parlera pas à tort et à travers.
. patient : il attendra le bon moment.
. hardi : il saisira l'occasion sans hésiter.
. pur : il ne salira pas ses pensées avec le monde.

Ma prière : Seigneur Jésus, fais de moi un bon ouvrier, capable de déjouer les ruses des loups.

7
février

On vous forcera à comparaître devant des tribunaux à cause de moi pour apporter un témoignage. Ne vous inquiétez [pas] de ce que vous direz, car cela vous sera donné au moment même. En effet, ce n'est pas vous qui parlerez, ce sera l'Esprit de votre Père qui parlera par votre bouche.

Même si tu n'es pas appelé à comparaître devant un tribunal, il est possible que ton attitude suscite des questions... Que dire si on me demande mon emploi du temps du dimanche ? Comment expliquer que je ne désire pas voir tel ou tel film ? Quelle angoisse à l'idée que l'on pourrait me poser une question embarrassante sur ma foi devant toute la classe ! Oui, mais quelle merveilleuse promesse le Seigneur me fait dans ce verset ! Si j'ai à cœur, en toute sincérité, sans m'occuper des conséquences, de laisser Dieu faire, ce sera lui qui parlera ! Ce que je dirai ne viendra pas de ma propre intelligence, mais ce sera ce que Dieu me donnera de dire

Ma prière : Merci, Seigneur Jésus, parce que tu ne laisses jamais tomber ceux que tu aimes. Aide-moi à te faire confiance et à m'abandonner à toi.

8 février

"Tout le monde vous haïra à cause de moi. Mais celui qui tiendra bon jusqu'au bout sera sauvé."

- Qui sera sauvé ?
- Celui qui place sa confiance en Jésus-Christ.
- Mais ce verset veut-il dire que je peux perdre mon salut ? Si un jour quelqu'un s'éloigne du Seigneur et que le Seigneur revienne, sera-t-il perdu ?
- Non ! Ce verset ne parle pas de perdre son salut. Il dit simplement que celui qui accepte d'endurer la haine des hommes pour le Seigneur sera sauvé. Il est donné comme un encouragement !

Qui a tenu bon jusqu'au bout, pour toi, face à la haine des hommes ?

Ma prière : Merci, Seigneur Jésus, pour l'immensité de ton amour. Merci parce que tu as tenu bon face à la haine des hommes pour me sauver. Aide-moi à m'appuyer sur toi, pour que tu puisses me garder de la peur d'être haï.

9 février

Spécial thème "Chercher"

Le Fils de l'homme est venu chercher et amener au salut ce qui était perdu.

Tu connais la parabole du bon berger qui cherche sa brebis perdue... À ton avis, pourquoi le berger prend-il tant de peine pour chercher cette brebis ? Après tout, c'est une brebis désobéissante : elle n'avait qu'à suivre sagement le troupeau, comme les autres ! Tant pis pour elle... D'ailleurs, il en reste encore 99, c'est bien assez.

Non. Le Seigneur nous a aimés et il est venu du ciel pour nous chercher personnellement et nous sauver personnellement.

Heureusement que c'est lui qui cherche et qu'il n'attend pas que l'homme se mette à sa recherche. Il cherche même ceux qui ne se préoccupent pas de lui et leur propose son grand salut.

Ma prière : Seigneur Jésus, merci parce que tu es venu du ciel pour me chercher et me sauver. Merci parce que je fais maintenant partie de ton troupeau.

10 février

Spécial thème "Chercher"

Voici à quoi ressemble encore le royaume des cieux : un marchand cherche de belles perles. Quand il en a trouvé une de grande valeur, il s'en va vendre tout ce qu'il possède et achète cette perle précieuse.

Dans ces versets, il y a deux choses très importantes :

1. Tu as du prix pour le Seigneur : pour lui, tu es "une perle de grande valeur".

2. Le Seigneur a payé très cher pour te racheter. Il a "vendu tout ce qu'il possédait" : il a donné sa vie sur la croix.

On ne peut pas comprendre cela. Mais il suffit de le croire pour avoir le vrai bonheur :

"Jésus m'aime, il m'a sauvé."

Ma prière : Seigneur Jésus, merci parce que tu m'aimes et que je suis important(e) à tes yeux.

Spécial thème
"Chercher"

Que le Seigneur manifeste sa bonté à toute la famille d'Onésiphore. En effet, il m'a souvent réconforté et il n'a pas eu honte de moi parce que je suis en prison. Au contraire, dès son arrivée à Rome, il s'est mis activement à ma recherche, et il a fini par me trouver.

Au temps de l'empereur Néron, les chrétiens sont persécutés.

Onésiphore a le désir de visiter Paul dans sa prison, malgré le danger que cela représente. Il devait y avoir plusieurs prisons à Rome… Onésiphore a dû demander à beaucoup de personnes si elles savaient où Paul était enfermé. Mais il n'a pas eu peur de ce que les gens allaient penser de lui ou d'être lui-même mit en prison. Il n'a pas eu honte de l'apôtre. Il l'a cherché jusqu'à ce qu'il le trouve et sa visite a donné beaucoup de joie à Paul.

Nous aussi, nous devons chercher à faire le bien.

Ma prière : Seigneur Jésus, aide-moi à chercher des occasions de faire le bien et à montrer aux autres que je les aime.

12 février

Spécial thème "Chercher"

Recherchez donc les réalités d'en haut, là où se trouve le Christ, qui "siège à la droite de Dieu"
De toute votre pensée, tendez vers les réalités d'en haut, et non vers celles qui appartiennent à la terre.

"Moi, je vais à la réunion tous les dimanches, je fais la lecture avec mes parents tous les soirs, je lis "sur la montagne" tous les matins, je suis au TOP !"
Oui, c'est sûr, si tu fais tout cela, c'est déjà très bien ! Mais dans la journée, que fais-tu de tes pensées ? Si tu commences à penser à quelque chose de mauvais, est-ce que tu arrives à t'arrêter tout de suite ?
Le meilleur moyen pour arrêter tout de suite, c'est de rechercher très vite les réalités d'en haut : vite, vite, le Seigneur ; vite, vite, lui parler ; un verset, un cantique, là, tout de suite… Et le mal s'en va.
C'est très efficace aussi contre la colère, la jalousie, tous les mauvais sentiments que tu sens arriver.
Hop ! Vers le haut et tout va mieux.

Ma prière : Seigneur Jésus, aide-moi à être plus fort que le mal en recherchant ta présence, toujours et partout.

13 février

Spécial thème "Chercher"

Cherchez premièrement le royaume de Dieu et sa justice, et toutes ces choses vous seront données par-dessus.

C'est un verset que l'on chante souvent, mais que l'on vit rarement…
Et toi ? Qu'est-ce que tu cherches premièrement ?

☐ à avoir les meilleures notes en classe
☐ à posséder le plus de choses possible
☐ à être plus gentil que tes frères et sœurs
☐ à travailler le moins possible pour avoir plus de temps pour jouer
☐ ……………………………………………………………

Si Dieu est le roi de notre cœur, nous rechercherons premièrement à lui faire plaisir. Attention, même une bonne chose peut devenir mauvaise si elle passe avant lui dans notre cœur.
"Fais tes délices de l'Éternel, et il te donnera les demandes de ton cœur." (Proverbes 37. 3)

Ma prière : Seigneur Jésus, aide-moi à tout faire pour toi, et non pas pour mon propre plaisir. Merci parce que tu veux me bénir.

14 février

Spécial thème "Chercher"

Les Juifs de Bérée examinaient chaque jour les Écritures pour voir si ce qu'on leur disait était juste. Beaucoup d'entre eux crurent.

Quand tes parents te racontent des histoires de la Bible ou t'expliquent des versets, tu crois ce qu'ils disent, et c'est très bien. Tu peux aussi faire confiance à tes moniteurs d'école du dimanche et à tous ceux qui, dans ton église ou dans ta famille, t'aiment et veulent te faire connaître un peu mieux le Seigneur Jésus.

Mais plus tu grandiras et plus tu auras besoin de rechercher – ou examiner – dans la Bible si ce que l'on te dit à l'école ou ailleurs est vrai ou faux.

On te dit que l'homme descend du singe ; la Bible dit : "Faux ! Dieu a créé l'homme à son image."

On te dit que toutes les religions mènent à Dieu ; la Bible dit : "Faux ! Il n'y a de salut qu'en Jésus Christ"

Ma prière : Seigneur Jésus, aide-moi à ne pas croire tout ce que j'entends, sans réfléchir. Aide-moi à chercher si c'est selon ta pensée ou non.

15 février

Spécial thème "Chercher"

J'ai cherché parmi eux quelqu'un qui construise un rempart et qui se tienne debout sur la brèche, devant moi, en faveur du pays, afin que je ne le détruise pas, mais je n'ai trouvé personne.

Quand les murs d'une ville ont des trous, des brèches, les ennemis peuvent entrer. Pour les en empêcher, il faut soit réparer la brèche, soit mettre un gardien devant cette brèche.

Il y a longtemps, au désert, Dieu avait déjà voulu détruire le peuple parce qu'il avait douté de ses promesses et de son amour. Mais Moïse avait alors supplié Dieu pour le peuple. Et Dieu avait répondu à sa prière.

Du temps d'Ezechiel, Dieu a cherché quelqu'un qui fasse comme Moïse. S'il avait trouvé une seule personne priant pour le peuple, quelqu'un qui se soucie encore de la sauvegarde de la ville et se tienne debout sur la brèche, il n'aurait pas puni le peuple.

Ma prière : Seigneur Jésus, aide-moi à comprendre l'importance de la prière et à prier toujours plus. Fais de moi un combattant et un bâtisseur par la prière.

16 février

Si quelqu'un reconnaît que Jésus est le Fils de Dieu, Dieu demeure en lui et lui en Dieu.

La communion, c'est avoir quelque chose de commun avec quelqu'un, c'est partager quelque chose.

Lorsque Jésus était sur la terre, Dieu a fait entendre sa voix par deux fois, pour affirmer : "Celui-ci est mon Fils bien-aimé, celui qui fait toute ma joie."

Si nous reconnaissons aussi que Jésus est le Fils bien-aimé de Dieu, si nous le vivons au fond de notre cœur, alors nous partageons cela avec Dieu. Nous sommes d'accord avec Dieu sur le point le plus important pour lui : son Fils.

C'est cette communion qui pourra nous amener dans la proximité de Dieu. Nous serons en Dieu et rempli de Dieu, comme un ballon est à la fois dans l'air et rempli d'air.

Ma prière : Ô mon Dieu, mets dans mon cœur toujours plus d'amour, de respect et d'admiration pour ton Fils Jésus.

17
février

Nous avons connu l'amour que Dieu nous porte et nous y avons cru. Dieu est amour : celui qui demeure dans l'amour demeure en Dieu, et Dieu demeure en lui.

Comment avons-nous connu l'amour que Dieu nous porte ? Comment Dieu nous a-t-il prouvé son amour ? En donnant son Fils.

Si Dieu a pris la peine de nous donner une telle preuve de son amour, je dois essayer d'en donner à mon tour pour demeurer dans cet amour.

J'ai plusieurs manières de montrer cet amour aujourd'hui. Voyons donc à qui chaque manière conviendra le mieux…

- un câlin pour . . . .
- un compliment pour . . . .
- un joli dessein pour . . . .
- un petit service pour . . . .

Eh bien, maintenant, passons à l'action !

Ma prière : Seigneur Jésus, aide-moi à rechercher dans ma vie toutes tes preuves d'amour pour te dire merci. Aide-moi à en donner aussi beaucoup à ceux qui m'entourent.

18 février

Et voici pourquoi l'amour se manifeste pleinement parmi nous : c'est pour que nous ayons une entière assurance au jour du jugement, d'autant plus que notre situation dans ce monde est celle que le Christ a connue lui-même.

"Le jour du jugement", voilà quelque chose qui pourrait faire trembler ! Comment va-t-il se passer ? Tout le monde saura-t-il ce que j'ai fait de mal ? Ne va-t-on pas se moquer de moi ?
Non, car ce tribunal ne sera rempli que d'amour. C'est cette pensée qui nous permet d'avoir de l'assurance. Nous sommes sûrs aussi d'être compris par notre défenseur, le Seigneur Jésus, car lui aussi est venu vivre sur la terre et en connaît toutes les difficultés.

Ma prière : Seigneur Jésus, merci pour ton amour, ta compréhension et ton pardon. Aide-moi dès aujourd'hui à manifester cet amour de pardon à ceux qui m'entourent, pour vivre déjà un peu dans l'ambiance du ciel. Que cela puisse m'aider à ne pas avoir peur du jugement.

19 février

Dans l'amour, il n'y a pas de place pour la crainte, car l'amour véritable chasse toute crainte. En effet, la crainte suppose la perspective d'un châtiment. L'amour de celui qui vit dans la crainte n'est pas encore parvenu à sa pleine maturité.

Il y a deux sortes de craintes : le respect (exemple : Je crains le directeur, je n'ose pas dire n'importe quoi devant lui !) et la peur.

La crainte dont il est question ici, c'est la peur. Si je sens que quelqu'un m'aime, je n'ai pas peur de lui ! Sauf si je lui ai fait du mal et que je mérite une punition...

Si j'ai peur de Dieu, c'est que je le connais mal.

- Pourquoi ?
- Parce qu'il m'aime !
- Oui, mais tu as fait beaucoup de péchés...
- C'est sûr, mais je connais aussi jusqu'où est allé son amour : il a sacrifié son Fils pour me pardonner ! alors, si son Fils a déjà payé...

Ma prière : Seigneur Jésus, donne-moi de toujours mieux te connaître, pour t'aimer toujours mieux... et pour ne jamais avoir peur de toi.

20 février

Quant à nous, nous aimons parce que Dieu nous a aimés le premier.

Tu t'es peut-être déjà amusé avec un aimant... Il possède une force d'attraction qui attire les autres aimants, mais aussi tous les métaux ferreux.

Si tu prends un clou et que tu essaies d'attirer d'autres clous, cela ne va pas marcher. Par contre, si tu mets ton clou contre ton aimant, il sera alors capable d'en attirer d'autres.

Pour l'amour, c'est pareil. Tu es comme le clou. Il n'y a aucun amour vrai loin de Dieu. L'amour provient de Dieu. Si nous sommes capables d'aimer, c'est parce que lui nous a aimés, alors que nous ne l'aimions pas.

Ma prière : Merci, Seigneur Jésus, pour ton si grand amour qui m'a aimé alors que je n'étais pas aimable. Aide-moi, à mon tour, à aimer comme toi ceux qui m'aiment ET ceux qui ne m'aiment pas.

21 février

Si quelqu'un prétend aimer Dieu tout en détestant son frère, c'est un menteur. Car s'il n'aime pas son frère qu'il voit, il ne peut pas aimer Dieu qu'il ne voit pas.

Voilà un test redoutable !
Qu'est-ce qui peut prouver ma sincérité quand je dis que j'aime Dieu ?
Mon comportement avec les autres.
   • J'aime les autres et cela se voit, alors c'est sûr : j'aime Dieu.
   • Je ne montre pas beaucoup d'amour pour les autres (même si j'en parle beaucoup), alors c'est sûr : mon amour pour Dieu, s'il existe, est vraiment bien petit-petit...

Ma prière : Seigneur Jésus, aide-moi à t'aimer, aide-moi à aimer les autres, aide-moi à le montrer, pour ta gloire, pour le bien des autres et pour mon bonheur.

22
février

Le Christ lui-même nous a donné ce commandement : que celui qui aime Dieu aime aussi son frère.

Pour celui qui croit en Jésus, aimer les autres n'est pas une option. C'est un commandement, un ordre. Cela peut être difficile d'obéir à un ordre. Mais trois choses peuvent nous aider et transformer cette obéissance en joie :

1. si la personne qui nous donne cet ordre sait combien il est difficile et s'y est elle-même soumise.

2. si cet ordre nous est donné par quelqu'un qui nous aime.

3. si cet ordre nous est donné par quelqu'un que l'on aime.

Ma prière : Merci, Seigneur Jésus, parce que tu es mort pour moi. Rien n'a arrêté ton amour. Aide-moi à obéir à ton commandement d'amour.

23
février

Sonde-moi, Éternel, éprouve-moi et examine mon cœur et mes pensées.

Qu'est-ce qui donne à David, auteur de ce Psaume, le courage de demander à Dieu de porter un tel regard sur lui ?
Oserais-je, aujourd'hui, faire la même prière ?
Oui, si j'ai à la pensée l'amour que Dieu me porte et le désir de lui obéir.
Que penserais-tu d'un copain qui, ayant la bouche pleine de douloureuses caries, refuserait de l'ouvrir lors d'une visite chez son dentiste ! Eh bien, c'est aussi stupide de chercher à cacher ses péchés à Dieu.

Ma prière : Seigneur Jésus, regarde dans mon cœur et dans mes pensées, montre-moi ce qui ne te fait pas plaisir. Aide-moi à ne jamais oublier combien tu m'aimes !

24
février

J'ai présenté à l'Éternel un seul souhait, mais qui me tient vraiment à cœur : je voudrais habiter dans la maison de l'Éternel tous les jours de ma vie afin d'admirer l'Éternel dans sa beauté, et de chercher à le connaître dans sa demeure.

Imagine qu'un empereur très riche vienne vers toi et te propose de formuler un vœu, un seul, qui te serait automatiquement accordé. Que choisirais-tu ?
Quoique l'on puisse imaginer, je ne pense pas que cela soit aussi grand que ce que demande David.
Il demande le droit de vivre pour toujours avec le Roi des rois, dans sa maison !
Bien sûr, dans l'idée de David, ce n'était pas pour profiter du confort du ciel, mais du bonheur d'être constamment avec celui qui l'aime et qu'il aime.

Ma prière : Seigneur Jésus, met dans mon cœur toujours plus d'amour pour toi et fais grandir en moi le désir d'être avec toi dans le ciel.

25
février

Si mon père et ma mère devaient m'abandonner, l'Éternel me recueillerait.

Un jeune homme se lance dans l'escalade périlleuse d'une haute montagne. Il tombe et se blesse gravement. Son guide ne parvient pas à le secourir, mais il arrive à rejoindre un refuge d'où il peut avertir les secours. Mais trop de temps est déjà passé et tout le monde pense que le jeune homme ne pourra pas être secouru à temps. Tout le monde ? Non, pas son père. Il téléphone à sa banque et demande un crédit contre tout ce qu'il a. Avec cet argent, il embauche à prix d'or les meilleurs alpinistes d'Europe. Il loue un avion rien que pour eux. Ils escaladent la montagne… et sauvent son fils.
C'est une histoire vraie, saisissante, mais tout vrai père aurait fait pareil, dans son cas.
Si un père, un homme, est capable de cela, alors que dire du Seigneur Jésus ?

Ma prière : Seigneur Jésus, remplis mon être tout entier d'une confiance en toi sans limites.

26
février

Enseigne-moi la voie que tu veux que je suive, ô Éternel, et conduis-moi par un sentier sans obstacle, puisque mes ennemis me guettent.

De tout temps, les routes ont été des endroits dangereux. Avant les voitures et leurs terribles accidents, il y avait... les voleurs. Les bandits de grands chemins. Comment agissaient-ils ? Ils se mettaient souvent d'accord avec les aubergistes ou les hôteliers, qui remarquaient les voyageurs les plus riches et les engageaient à prendre les "raccourcis" où se cachaient les voleurs. Quand les pauvres voyageurs arrivaient à leur portée, ils surgissaient de derrière leur bosquet et leur sautaient dessus en criant bien fort : "La bourse, ou la vie !"
Il était donc important de connaître un chemin sûr. Un chemin qui soit aussi sans obstacle pour que l'on ne puisse pas s'y cacher pour faire un mauvais coup. Ne penses-tu pas qu'il en est de même aujourd'hui, pour notre vie ? Ta bourse, c'est ton cœur. Fais attention à celui qui t'indique le chemin !

Ma prière : Seigneur Jésus, enseigne-moi les directions à donner à ma vie et aide-moi à discerner de loin les pièges du diable, du monde, et de mon propre cœur.

27 février

Que deviendrais-je si je n'avais pas l'assurance de voir l'amour de l'Éternel au pays des vivants ?

Depuis toujours, les gens fidèles à Dieu ont été persécutés.
Qu'est-ce qui a donné la force à tous ces martyrs pour rester fidèles lorsque
on s'est moqué d'eux
on a pris tous leurs biens
on leur a fait du mal
on a tué ceux qu'ils aimaient sous leurs yeux…

C'est l'assurance de l'amour de leur Seigneur et celle d'être avec lui pour toujours.

Ma prière : Seigneur Jésus, je veux aussi avoir cette assurance ! Donne-la moi. Merci parce que cela te plaît et que tu vas me la donner.

28
février

Loué soit l'Éternel, car il m'exauce lorsque je le supplie. L'Éternel est ma force, mon bouclier. En lui je me confie ; il vient à mon secours. Aussi mon cœur bondit de joie. Je veux chanter pour le louer.

Il m'arrive de supplier le Seigneur de me garder de quelque chose ou de m'en accorder une autre. J'attends la réponse. Mais comme ma foi n'est pas bien forte, j'ai peur, parfois... Et puis, est-ce que ce que je demande est vraiment selon la volonté du Seigneur ?

Mais quand la réponse arrive, quand le secours est là, alors je comprends ce qu'a voulu dire le roi David en écrivant que son cœur fait un bond de joie !

En reste-t-il là ?

Non, il veut chanter et louer son Seigneur, car il a un sujet de plus de le faire.

Ma prière : Seigneur Jésus, aide-moi à ne pas être ingrat ni oublieux envers toi. Aide-moi à te remercier pour tes réponses dès que je le peux, sans attendre la prière du soir.

Son courroux dure un instant, sa faveur est pour la vie. Si, le soir, des pleurs subsistent, au matin, la joie éclate.

Si le courroux, ou la grande colère de Dieu ne dure qu'un instant, c'est parce qu'il peut pardonner, grâce au sacrifice de Jésus.

Si je peux avoir sa faveur, c'est-à-dire si je peux avoir le privilège d'être accepté par lui pour toujours, c'est encore grâce au sacrifice de Jésus.

Le roi David pouvait dire cela avec certitude car il avait placé sa confiance en Dieu. Mais pour tous ceux qui ne veulent pas croire à ce que Dieu dit dans la Bible, ce sera le courroux éternel !

Ma prière : Merci, Seigneur Jésus, pour ton grand pardon. Merci parce que je te suis devenu agréable grâce à ton sacrifice.

1
mars

Le disciple n'est pas plus grand que celui qui l'enseigne, ni le serviteur supérieur à son maître. Il suffit au disciple d'être comme celui qui l'enseigne et au serviteur comme son maître. S'ils ont qualifié le maître de la maison de Béelzébul, que diront-ils de ceux qui font partie de cette maison ?

Pendant sa vie sur la terre, Jésus a prouvé chaque jour qu'il était Dieu et qu'il aimait les hommes. Mais eux l'ont traité de Béelzébul, c'est-à-dire de diable ! Dieu se fait homme, il vient partager la vie de sa créature, et il est reçu ainsi ! Quelle souffrance pour lui ! A-t-il alors tout abandonné ? Non. Il a laissé ces moqueurs dans leur grand péché et il a continué son œuvre de salut pour les autres.

Si tu as le courage de montrer que tu appartiens au Seigneur, tu risques aussi de recevoir des moqueries... Comment supporter cette souffrance ? Pense que tu ressembles ainsi un peu plus à ton Seigneur...

Ma prière : Merci, Seigneur Jésus, parce que tu as supporté toutes les insultes par amour pour moi. Donne-moi du courage et aide-moi à penser à toi si on se moque de moi quand je veux te faire plaisir.

2

mars

Ne craignez donc pas ceux qui peuvent tuer le corps, mais qui n'ont pas le pouvoir de faire mourir l'âme. Craignez plutôt celui qui peut vous faire périr corps et âme dans l'enfer.

Boris est le plus costaud de l'école. Le plus méchant, aussi. Dans la cour de récréation, il veut faire la loi ! Avec sa bande, il choisit chaque jour un nouveau souffre-douleur et l'oblige à faire toutes les bêtises qu'ils imaginent ! J'ai peur de Boris. Mais je préfère qu'il me tape plutôt que de faire une bêtise qui ferait de la peine à ma maîtresse… Elle est si gentille, même si elle sait punir, parfois… Alors si Boris vient me taper dessus, je penserai à elle !
J'espère qu'il n'y a pas de garçon comme ce Boris dans ton école, mais ce qui est sûr, c'est que le diable existe, lui ! Si jamais il veut t'effrayer, pense à Jésus, cela t'aidera à ne plus avoir peur… et il se tiendra près de toi pour te délivrer !

Ma prière : Bon Père céleste, aide-moi à n'avoir peur de rien, sauf de te déplaire. Au nom de ton Fils Jésus.

3
mars

Ne vend-on pas une paire de moineaux pour un sou ? Et pourtant, pas un seul d'entre eux ne tombe à terre sans le consentement de votre Père. Quant à vous, même les cheveux de votre tête sont tous comptés. N'ayez donc aucune crainte ; car vous, vous avez plus de valeur que toute une volée de moineaux.

Quand on lit les récits de la vie des grands missionnaires, on peut voir de quelle manière extraordinaire et miraculeuse ils sont souvent gardés du danger.

 Mais c'est normal, ce sont de grands serviteurs de Dieu et il en prend soin !

Eh bien non ! Le Seigneur prend soin de TOUS les siens. Même un petit moineau ne peut pas mourir sans que Dieu le permette ; alors que peut-il t'arriver qui ne soit pas pour ton bien, toi que Dieu a aimé d'un amour si grand qu'il a donné son Fils pour te sauver ?

Ma prière : Merci, mon Dieu et Père, parce que tu me connais. Tu prends soin de moi, et rien de mal ne peut m'arriver si je reste près de toi.

4
mars

Tous ceux qui se déclareront pour moi devant les hommes, je me déclarerai moi aussi pour eux devant mon Père céleste. Mais celui qui aura prétendu ne pas me connaître devant les hommes, je ne le reconnaîtrai pas non plus devant mon Père céleste.

Le Seigneur reconnaîtra le droit d'entrer dans le ciel à tous ceux qui ont reconnu qu'il était le Fils de Dieu, le Sauveur.
Une nuit, Pierre a prétendu trois fois qu'il ne connaissait pas Jésus. Quand il s'est rendu compte de ce qu'il avait fait, il a pleuré. Pierre a eu peur, mais l'amour de Jésus et son pardon ont vaincu cette peur. Par la suite, il s'est déclaré "pour Jésus" devant des foules entières. Il a même été mis à mort à cause de sa foi.
Si, toute ma vie, la peur m'empêche de témoigner, c'est peut-être que je n'ai rien compris à l'amour de Jésus, à son sacrifice et à son pardon…

Ma prière : Seigneur Jésus, j'ai peur de parler de toi. Remplis mon cœur de ton amour et du désir de le partager. Aide-moi à ne pas avoir peur d'être différent des autres, par amour pour toi.

5
mars

Celui qui aime son père ou sa mère plus que moi n'est pas digne de moi. Celui qui aime son fils ou sa fille plus que moi n'est pas digne de moi.

Quel est le petit mot TRÈS important dans ce verset ?
C'est "PLUS".
Ce n'est pas facile d'aimer quelqu'un qu'on n'a jamais vu. Mais si tu as réalisé à quel point le Seigneur t'a aimé, et si tu y penses souvent, alors il prendra la première place dans ton cœur.
Et si tu veux bien lui laisser cette première place, il te donnera en retour un amour plus vrai, plus fort pour ton papa, ta maman...

Ma prière : Seigneur Jésus, fais que je t'aime plus que tout, d'un amour vrai, digne de toi. Toi seul peux faire cela dans mon cœur. S'il te plaît, fais-le pour ta gloire.

6
mars

Celui qui cherche à sauver sa vie la perdra ; et celui qui l'aura perdue à cause de moi la retrouvera.

Le Sadhou Sundar Singh était un serviteur de Dieu qui annonçait l'évangile en Inde et au Tibet. Un jour, accompagné d'un autre voyageur, il marchait dans la montagne, luttant contre le vent et le froid intense. Tout à coup, il vit un homme couché au bord de la route, à moitié mort de froid. Le compagnon de Sundar dit que c'était une folie de se charger de ce corps si lourd alors que c'était déjà si difficile d'avancer tout seul. Abandonnant le malheureux, il partit en avant. Mais Sundar prit l'homme sur ses épaules et continua son chemin. Peu à peu, ses efforts le réchauffèrent, ainsi que l'homme qu'il portait. Celui-ci revint à lui et put bientôt marcher. Ils arrivèrent ainsi sains et saufs au village. Ils n'y trouvèrent pas le compagnon de Sundar : le froid l'avait tué.
Attention : si je cherche à sauver ma vie ou à la protéger des difficultés, je vais la perdre, la gaspiller ! Mais si j'accepte de donner mon temps au Seigneur, alors je saurai ce qu'est vraiment la vie.

Ma prière : Seigneur Jésus, aide-moi à ne pas économiser ma vie !

7
mars

Si quelqu'un donne à boire, ne serait-ce qu'un verre d'eau fraîche, au plus insignifiant de mes disciples parce qu'il est mon disciple, vraiment, je vous l'assure, il ne perdra pas sa récompense.

Je ne suis pas un missionnaire ! Que voulez-vous que je fasse pour servir Dieu ! Et puis je suis trop petit. D'ailleurs, je ne sais pas bien parler, j'ai peur...
Si j'avais beaucoup d'argent, j'en donnerais bien aux autres, mais je n'en ai pas. Alors...

Des grandes choses ?
- Non : un verre d'eau (mais bien fraîche ! Il faut s'appliquer !)
À des gens importants ?
- Non : même au plus humble des croyants (pas pour ses beaux yeux, mais parce qu'il est un croyant !)
Alors, j'aurai ma récompense ?
- Oui, c'est le Seigneur lui-même qui me l'assure !

Ma prière : Seigneur Jésus, aide-moi à découvrir les services que tu mets à ma portée. Donne-moi la volonté et le courage de les réaliser pour toi.

8 mars

Il y a six choses que l'Éternel déteste, et même sept qui lui sont en horreur :
les yeux qui regardent les autres de haut,
la langue qui répand des mensonges,
les mains qui font couler le sang des innocents,
le cœur qui médite des projets coupables,
les pieds qui se hâtent de courir vers le mal,
le faux témoin qui dit des mensonges
et l'homme qui sème la discorde entre des frères.

Quand on veut ressembler à quelqu'un, on fait les mêmes choses que lui. Mais on aime aussi ce qu'il aime... et on déteste ce qu'il déteste.
Veux-tu ressembler à ton Seigneur ? Veux-tu, toi aussi, détester l'orgueil, le mensonge, la violence et la haine ?

Ma prière : Seigneur Jésus, merci parce que tu pardonnes tous mes péchés, même quand il m'arrive de faire ces choses que tu as en horreur. Aide-moi à détester ces choses.

9 mars

*Révérer l'Éternel, c'est détester le mal.
Je déteste l'orgueil, la suffisance, la
conduite mauvaise et la bouche menteuse.*

*Révérer le Seigneur, c'est avoir pour lui le plus grand respect. C'est aussi le reconnaître comme le Seigneur, le roi de notre vie, celui qui a tous les droits et auquel on désire obéir.
Mais ce verset nous montre encore autre chose :*

Révérer l'Éternel = détester le mal

*• Le mal, c'est tout ce qui est contraire à la pensée de Dieu.
• L'orgueil, c'est le sentiment d'être supérieur aux autres.
• La suffisance, c'est quand on est content de soi, quand on pense n'avoir besoin de personne.*

Ma prière : Seigneur Jésus, aide-moi à rechercher tout ce qu'il faut pour bien te respecter et à le vivre chaque jour. Aide-moi à vraiment détester le mal.

10 mars

La Sagesse appelle, la raison élève la voix :
"Moi, j'aime ceux qui m'aiment, et ceux qui me
recherchent ne manquent pas de me trouver.
Je suis accompagnée de la richesse et de
l'honneur, du bonheur et des biens durables.
Mon fruit est plus précieux que l'or."

Si on aime cette sagesse qui vient de Dieu et si on la recherche, Dieu nous la donnera. Elle sera pour nous une source de bonheur ; elle nous aimera.

Tout ce que les hommes attendent de la vie se résume en trois mots : "Richesse", "Honneur", "Bonheur". Ils peuvent trouver cela dans le monde, mais ils sont vite déçus : l'argent se dépense ou se fait voler, l'honneur est à la merci du moindre mensonge, et le bonheur est vite gâché par notre égoïsme ou les difficultés. Par contre, les fruits de la sagesse sont durables. Pourquoi ? Parce qu'ils sont en Dieu. Lui ne change pas. Notre richesse, c'est le ciel, notre honneur, c'est d'être enfants de Dieu et notre bonheur, c'est de lui appartenir. Qui peut nous enlever cela ? Personne. C'est plus précieux que l'or.

Ma prière : Merci Père céleste pour ce que tu veux me donner. Aide-moi à le rechercher et à l'apprécier.

11
mars

Corriger un moqueur, c'est s'attirer la confusion et reprendre un méchant : s'attirer un affront.

Cette semaine, nous avons vu que nous devions avoir le mal en horreur.

Autour de nous, beaucoup de personnes qui ne croient pas au Seigneur Jésus font le mal sans que cela les gène. Faut-il le leur faire remarquer ? Est-ce que je dois dire à mon copain qu'il ne devrait pas jouer aux Pokemon, lire Harry Potter ou regarder tel ou tel film ?

Non, parce que ce sont des moqueurs, c'est-à-dire des gens qui se moquent de ce que Dieu désire ou n'y font pas attention. Il faut faire les choses dans l'ordre :

Premièrement, donner sa vie au Seigneur,

ensuite, rechercher à lui faire plaisir.

A quoi cela sert-il de faire plaisir à quelqu'un que l'on n'aime pas ?

Ma prière : Dieu et Père, aide-moi à témoigner par mon comportement, ma manière de vivre, et en disant à chacun que tu l'aimes. Garde-moi de vouloir faire le Zorro du bien...

12 mars

Ne reprends donc pas le moqueur, car il te haïra, si tu reprends un sage, il t'en aimera davantage. Oui, donne des conseils au sage, et il sera plus sage encore. Instruis le juste, il enrichira son savoir.

Il y avait un jour, dans un royaume, un jeune prince et un pauvre petit garçon. Ils étaient tous les deux les élèves d'un grand peintre. L'artiste avait très peur de déplaire au prince qui était très fier. Aussi ne lui faisait-il jamais de reproche sur son travail. Par contre, le garçon pauvre recevait beaucoup de critiques. Le petit élève, humble et appliqué, les écoutait attentivement et essayait d'en tenir compte.

Lequel des deux, à ton avis, a finalement réussi à peindre aussi bien que le maître ?

Si tu veux progresser dans la vie, écoute et reçois sans te fâcher la réprimande, les conseils et l'instruction. Essaye toujours de discerner ce que le Seigneur veut te dire dans ta lecture quotidienne de la Bible, dans ton église ou dans les circonstances de la vie.

Ma prière : Seigneur Jésus, aide-moi à accepter tout ce que tu veux m'apprendre et à en profiter, même quand c'est difficile.

13 mars

La Folie est une femme bruyante pour interpeller les passants qui vont droit leur chemin : "Qui manque d'expérience, qu'il vienne par ici !"

Le sage qui a écrit ce proverbe imagine une femme pour représenter la folie. Elle est bruyante, elle crie pour attirer l'attention de ceux qui marchent droit. Hier, nous avons vu que c'est très important de reconnaître que l'on manque d'expérience, et de désirer apprendre... Mais attention ! Il ne faut pas apprendre n'importe quoi ! Parfois, de mauvaises choses se cachent sous une bonne apparence !
Toi qui marches dans le droit chemin, fais attention à ne pas écouter les "expériences" du monde. Est-ce qu'il fait preuve de sagesse quand il dit : "les jeux vidéo violents sont bons pour défouler les jeunes" ? Non, bien sûr ! alors, QUI écouter ?

Ma prière : Merci Seigneur Jésus parce que tu veux me garder dans ton chemin. Ferme mes oreilles aux mauvais conseils, aide-moi à les reconnaître.

14 marſ

A qui il manque du bon sens, la Folie déclare : "Les eaux dérobées sont plus douces, et le pain mangé en secret est savoureux." Mais ils ne savent pas que chez elle se rassemblent les morts et que ses invités sont déjà au séjour des morts.

Encore la folie qui parle. Quel conseil nous donne-t-elle, aujourd'hui ? De goûter au plaisir du vol, des mystères, des secrets et de tout ce qui est défendu ! Combien cela paraît attrayant… Mais qui trouve-t-on dans cette assemblée secrète ? Des morts !

Il en est de même pour nous : tout ce qui se fait en secret se fait avec ceux qui n'ont pas de relation avec Dieu, ceux qui sont morts devant lui, ceux qui n'ont pas reçu la vie éternelle.

Attention ! Si on te propose de participer à quelque chose de secret, de mystérieux, sache que cela a de grandes chances de t'entraîner au mal.

Le bien a-t-il besoin de se cacher ?

Ma prière : Seigneur Jésus, aide-moi à ne pas être attiré par ce qui se fait en secret. Aide-moi à rechercher le bien, pour ne pas craindre le jour où tout ce que j'aurai fait sera mis en lumière.

15 mars

Celui qui croit que Jésus est le Christ, est né de Dieu. Et celui qui aime le Père qui fait naître à la vie, aime aussi les enfants nés de lui.

Qui est VRAIMENT un enfant de Dieu ?
Qui est "né de nouveau", "né de Dieu" ?
Celui qui
    • croit que Jésus est le Christ, c'est-à-dire l'envoyé choisi par Dieu
    • aime les autres enfants de Dieu comme il aime Dieu, parce que Dieu est leur Père autant que le sien.
Aujourd'hui, on parle beaucoup de Dieu. Certains affirment même qu'ils sont nés de nouveau... Mais que voit-on dans leur vie ? Le désir de suivre le modèle choisi par Dieu ? De l'amour pour tous les autres enfants de Dieu ? Si c'est le cas, alors c'est merveilleux ! Ce sont nos frères, nos sœurs ! Sinon, attention : ce sont peut-être des menteurs, des trompeurs, des faux amis.

Ma prière : Merci, mon Dieu et Père, parce que tu as envoyé ton Fils, Jésus. Merci parce que j'ai cru en lui. Aide-moi à aimer.

16 mars

Aimer Dieu, c'est accomplir ses commandements. Ceux-ci, d'ailleurs, ne sont pas pénibles, car tout ce qui est né de Dieu triomphe du monde, et la victoire qui triomphe du monde, c'est notre foi.
Qui, en effet, triomphe du monde ? Celui-là seul qui croit que Jésus est le Fils de Dieu.

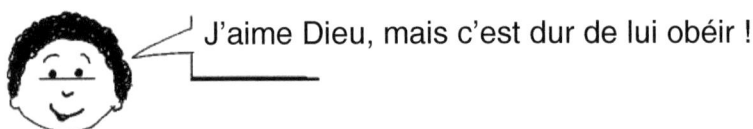 J'aime Dieu, mais c'est dur de lui obéir !

La foi, c'est croire Dieu. Quand tu crois Dieu et que tu penses qu'il t'a racheté par le sang de son Fils pour faire de toi son enfant, le monde te parait bien nul. Du coup, ce n'est plus pénible d'obéir au Seigneur !

Connaître Jésus, c'est apprendre à aimer.

Ma prière : Seigneur Jésus, aide-moi à me souvenir de ton amour pour moi et à penser à ton sacrifice à la croix. Fais-moi triompher de l'égoïsme du monde.

17 mars

1 Jean 5. 9, 11

Nous acceptons le témoignage des hommes ; mais le témoignage de Dieu est bien supérieur. Ce témoignage, c'est celui que Dieu rend à son Fils. Et que dit ce témoignage ? Il dit que Dieu nous a donné la vie éternelle en son Fils.

Le monde est plein de religions. Les bouddhistes, les hindouistes, les musulmans et bien d'autres encore croient ce que les hommes leur ont dit sur Dieu et sur la manière de s'approcher de lui. Mais ce que dit Dieu est bien plus important et plus sûr !

Si le directeur de ton école organise une course de motos électriques, chacun voudra participer ! Mais comment faire ? "Il faut être sage" disent les uns. "Il faut avoir de bonnes notes", disent les autres. Un autre élève affirme qu'il faut payer… Moi, je suis allé demander au directeur. Il m'a simplement dit d'aller voir son fils pour s'inscrire. Je l'ai dit aux autres, mais ils ont ri. Ils trouvaient ça trop simple…

Eh bien, pour la vie éternelle, c'est pareil. C'est si simple que beaucoup refusent !

Ma prière : Merci mon Dieu, mon Père, parce que je t'ai cru et parce que j'ai la vie éternelle grâce au Seigneur Jésus, ton Fils.

18 mars

Celui qui a le Fils a la vie. Celui qui n'a pas le Fils de Dieu n'a pas la vie. Ainsi, nous appartenons au Dieu véritable par notre union à son Fils Jésus-Christ. Ce Fils est lui-même le Dieu véritable et la vie éternelle.

Même parmi ceux qui se disent chrétiens, on rencontre des gens qui pensent pouvoir être sauvés sans reconnaître que Jésus est le Fils de Dieu, c'est-à-dire Dieu lui-même, dans un corps d'homme.
Pour certains, Jésus est une légende. Pour d'autres, c'est un personnage historique important ou encore un grand prophète. La Bible est claire : ceux qui pensent cela n'ont pas la vie éternelle !
Il n'y a rien de plus important que de reconnaître QUI est Jésus.

Ma prière : Merci Seigneur Jésus, parce que tu t'es révélé à moi comme le Fils de Dieu, parce que je te connais, parce que tu me connais, et parce que j'ai la vie éternelle.

19 mars

Je vous ai écrit cela, pour que vous sachiez que vous avez la vie éternelle, vous qui croyez au Fils de Dieu.

La vie éternelle, à ton avis...
- ☐ on l'a depuis notre naissance
- ☐ on l'a quand on donne son cœur au Seigneur
- ☐ on l'a à notre mort
- ☐ on l'a dans le ciel?

Ce verset est très clair: tu crois au Fils de Dieu? Alors tu AS la vie éternelle. Tu l'as maintenant et pour toujours.

Ma prière: Merci Seigneur Jésus, parce que tu m'as donné la vie éternelle. Aide-moi à ne jamais l'oublier.

20 mars

Voici quelle assurance nous avons devant Dieu : si nous demandons quelque chose qui est conforme à sa volonté, il nous écoute.

Comment prier ?

1. avec assurance, c'est-à-dire avec confiance et liberté. Dieu a donné le droit à ses enfants de lui parler et il aime qu'ils en profitent.

2. avec dépendance et humilité. Peut-on imposer nos désirs à Dieu, le créateur des cieux et de la terre ? Il nous aime, il veut notre bien, il sait tout parfaitement : il veut nous donner ce qu'il y a de mieux pour nous. Ni plus, ni moins. Alors reconnaissons-le humblement et recherchons cette volonté.

3. avec foi. On peut être certain, même si on ne le voit pas encore, que nous avons déjà ce que nous avons demandé. Y a-t-il quelque chose de trop grand ou de trop difficile pour Dieu ?

Ma prière : Merci mon Dieu, parce que, maintenant que tu es mon Père, j'ai la liberté de te parler. Aide-moi à le faire avec foi, en recherchant ce qui te plaît.

21 mars

Mes chers enfants, gardez-vous des idoles.

C'est le dernier verset de cette lettre du grand apôtre Jean. La dernière recommandation.

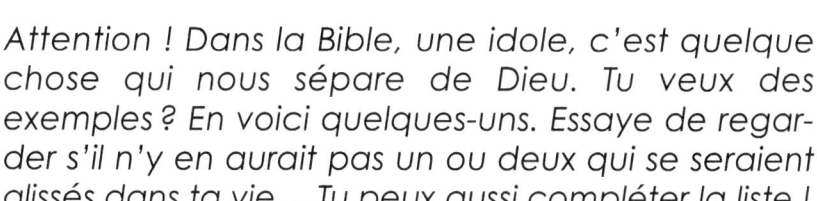

Facile ! Chez moi, il n'y a aucune statue, je ne me prosterne devant rien. D'ailleurs, c'est fini, ce temps-là !
T'en vois beaucoup, toi, des gens qui font des sacrifices à des statues, aujourd'hui ?

Attention ! Dans la Bible, une idole, c'est quelque chose qui nous sépare de Dieu. Tu veux des exemples ? En voici quelques-uns. Essaye de regarder s'il n'y en aurait pas un ou deux qui se seraient glissés dans ta vie… Tu peux aussi compléter la liste !

☐ Moi ☐ mon petit confort ☐ ma santé
☐ la télé ☐ les jeux vidéo ☐ les livres
☐ les B.D. ☐ ma beauté ☐ Zidane
☐ Laurie ☐ mes résultats scolaires …

Ma prière : Seigneur Jésus, donne-moi la volonté et la force pour n'avoir aucune idole. Prends mon cœur tout entier et aide-moi à ne pas le reprendre.

22 mars

Aryok dit au roi Nabuchodonosor : "J'ai trouvé parmi les déportés de Juda un homme qui donnera à Sa Majesté l'interprétation de son rêve." Le roi demanda à Daniel : "Es-tu vraiment capable de me révéler le rêve que j'ai eu et de m'en donner l'interprétation ?" Daniel lui dit : "Le secret que Sa Majesté demande, aucun sage, aucun magicien, n'est capable de le lui faire connaître. Mais il y a, dans le ciel, un Dieu qui révèle les secrets."

Aryok et le roi ont les yeux fixés sur Daniel. Va-t-il vraiment pouvoir leur révéler le rêve et son interprétation ? C'est une bonne occasion pour Daniel ! Il va pouvoir être remarqué, peut-être même admiré… Mais Daniel commence par diriger leurs regards vers la source de toute révélation, de toute solution : son Dieu. Cette révélation lui avait été faite par grâce, comme un cadeau, et il ne doit pas en cacher l'origine : ce serait du vol, du mensonge.

Ma prière : Seigneur Jésus, aide-moi à être honnête, à ne pas cacher que tout ce que j'ai de bon me vient de toi.

23
mars

Le roi Nabuchodonosor se jeta la face contre terre et se prosterna devant Daniel, il ordonna de lui offrir des offrandes et des parfums. Puis il lui déclara : "Il est bien vrai que votre Dieu est le Dieu des dieux, le souverain des rois et celui qui révèle les secrets, puisque tu as pu me dévoiler ce secret."

Daniel a fait bien attention de préciser que la révélation qu'il allait donner venait de Dieu. Quel en a été le résultat ? Un des plus grands rois que la terre ait porté, celui qui se faisait adorer comme un dieu par ses sujets se jette à terre et reconnaît que le Dieu de Daniel est le Dieu suprême.

Le Seigneur Jésus ne te demande pas d'aller révéler ses rêves au président de la république ! Mais bien des fois, ceux qui nous entourent se posent des questions sur notre vie, sur la joie qu'il y a dans nos cœurs…

Alors, faisons bien attention de ne pas rater ces occasions de dire simplement que si nous sommes heureux, c'est grâce à Jésus.

Ma prière : Seigneur Jésus, aide-moi à avoir une vie telle, que ceux qui m'entourent reconnaissent que tu es merveilleux.

24
mars

Daniel dit : "Quant à moi, ce n'est pas parce que je possède une sagesse supérieure à celle de tous les autres hommes que ce secret m'a été révélé, mais c'est afin que l'interprétation en soit donnée au roi et que tu comprennes ce qui préoccupe ton cœur."

Voilà un magnifique exemple de ce qu'est l'humilité. Être humble, c'est reconnaître que, si Dieu fait quelque chose en nous ou pour nous, ce n'est pas à cause de ce que l'on est, mais à cause de son amour, parce qu'il veut faire du bien.
Ici, Dieu a révélé à Daniel ce rêve et son interprétation pour
• sauver la vie de Daniel et de ses amis, et aussi de tous les autres sages.
• redonner la paix au cœur du roi.
Et s'il avait permis que le roi soit si troublé, c'est aussi par amour, pour que celui-ci puisse le connaître.

Ma prière : Mon Dieu et Père, au nom de l'amour de ton Fils, donne-moi cette humilité vraie que tu avais donnée à Daniel. Donne-la moi au plus profond de mon cœur et de mes pensées.

25 marſ

Le roi éleva Daniel à une haute position et lui donna de nombreux et riches présents ; il le nomma gouverneur de toute la province de Babylone et l'institua chef suprême de tous les sages de Babylone.

Daniel n'a pas voulu s'attribuer les mérites de ses révélations. Le roi va-t-il pour autant le mépriser et l'oublier ? Non ! Il a vite compris qu'une personne si proche d'un Dieu si grand, ne pouvait être qu'une bénédiction pour son gouvernement.
Parfois, c'est vrai, notre fidélité au Seigneur peut nous attirer des moqueries et des difficultés. Mais elle nous attirera aussi la confiance et le respect, même si personne ne voudra l'avouer comme l'a fait le roi.

Ma prière : Seigneur Jésus, aide-moi à ne pas rechercher à être bien vu par les autres. Aide-moi à t'être reconnaissant si je suis reconnu comme quelqu'un de confiance grâce à ma foi.

26 mars

Á la demande de Daniel, le roi confia l'administration de la province de Babylone à Chadrak, Méchak et Abed-Nego, et Daniel lui-même demeura à la cour du roi.

Ça y est ! Daniel est gouverneur, chef suprême de tous les sages ! Non mais, c'est vrai, à la fin ! C'est à lui que Dieu a révélé tout ça, pas aux autres ! Et d'abord, les autres, ils ne demandent rien…
Non, c'est vrai, la Bible ne dit pas que les amis de Daniel lui aient demandé quoi que ce soit. Mais Daniel a quand même pensé à eux. Il a été béni par le Seigneur et il veut les associer à sa bénédiction.
• Le Seigneur a rempli ton cœur de joie ?
   Va le dire à ton papa qui rentre fatigué du travail.
• Le Seigneur a rempli ton cœur de paix ?
   Va calmer la dispute de tes petits frères ou sœurs.
• Le Seigneur a rempli ton cœur d'amour ?
   Va embrasser cette personne qui est toute seule à la sortie de ton église.

Ma prière : Seigneur Jésus, aide-moi à partager tout ce que tu me donnes.

27
mar*s*

Le roi Nabuchodonosor fit faire une statue d'or de trente mètres de haut et de trois mètres de large. Un héraut proclama à voix forte : "A vous, peuples, nations et hommes de toutes langues, on vous fait savoir qu'au moment où vous entendrez le son de la flûte et de toutes sortes d'instruments de musique, vous vous prosternerez devant la statue d'or que le roi a fait ériger, et vous l'adorerez."

Il ne semble pas ici que Nabuchodonosor ait bien profité de la révélation que Dieu lui a faite...
Mais Daniel est gouverneur, chef des sages... Peut-être qu'il pourra convaincre le roi d'abandonner ce projet idolâtre ! Va-t-il s'y opposer ? Va-t-il faire une pétition, une "manif" avec tracts et banderoles ?
Non. Daniel reste à sa place. Ce n'est pas à lui de ramener ce peuple et son roi orgueilleux dans le droit chemin. Il laisse faire son Dieu et se contente de répondre toujours présent lorsqu'on a besoin de lui.

Ma prière : Seigneur Jésus, aide-moi à ne pas essayer de changer le monde, mais de te laisser changer mon cœur.

28 mars

Au moment où tous les gens entendirent le son de toutes sortes d'instruments de musique, les hommes de tous peuples, de toutes nations et de toutes langues se prosternèrent et adorèrent la statue d'or que le roi Nabuchodonosor avait fait ériger. Chadrak, Méchak et Abed-Nego dirent au roi : "Sache bien, ô roi, que nous n'adorerons pas tes dieux et que nous ne nous prosternerons pas devant la statue d'or que tu as fait ériger."

Le mal règne autant aujourd'hui que du temps de Daniel, et la plupart des gens en sont contents. Parfois, on se sent bien seul à ne pas céder devant le diable... Courage ! Le Seigneur l'a promis, il sera avec ceux qui l'aiment jusqu'à la fin du monde.
De quel côté vaut-il mieux se trouver ? Avec la foule, instable et lâche ? Ou avec notre Seigneur Jésus, plein d'amour et qui ne change pas ?

Ma prière : Seigneur Jésus, aide-moi à ne pas me laisser impressionner par les autres et à m'appuyer sur toi pour ne pas me sentir seul.

29
mars

Je vivais paisiblement, et je me disais : "Je ne tomberai jamais." Éternel, dans ta faveur, tu avais fortifié la montagne où je demeure. Tu t'es détourné de moi, et je fus désemparé. J'ai crié vers toi, Éternel, et j'ai imploré ta grâce, ô Seigneur.

Comme le roi David, tu as peut-être fait cette expérience :
• Dieu me protège – il fortifie la montagne où je demeure.
• Je vis donc paisiblement et en sécurité.
… Mais petit à petit, au lieu de lui en être reconnaissant, je finis par trouver cela "normal". Je peux même en arriver à dire : "Je ne tomberai jamais", oubliant que c'est le Seigneur qui me donne cette paix.
Que va-t-il faire alors ? M'abandonner à mon ingratitude ?
Non. Il va me retirer sa protection, juste le temps de me rendre compte de l'importance de son secours.

Ma prière : Seigneur Jésus, aide-moi à ne pas oublier de qui je reçois tout ce qui m'arrive de bon. Et si j'oublie, amène-moi à crier à toi… sans tarder.

30 mars

J'ai crié vers toi, Éternel, et j'ai imploré ta grâce, ô Seigneur.
Tu as transformé mes pleurs en une danse de joie, et tu m'as ôté mes habits de deuil pour me revêtir d'un habit de fête, afin que, de tout mon cœur, et sans me lasser, je te chante. Éternel, mon Dieu, je te louerai à jamais.

Hier, nous avons vu comment le Seigneur prend le risque de nous retirer un peu sa protection, pour nous permettre de voir d'où elle vient et d'en connaître le prix.
Mais, dès que la leçon est apprise, dès que je crie de nouveau à lui, alors il vient et remplit mon cœur de "danses de joie".
AVANT: "Je ne tomberai jamais"
Abandon d'un moment
APRÈS: "Éternel mon Dieu, je te louerai à jamais."

Ma prière: Merci, Seigneur Jésus, parce que tu m'éduques d'une manière merveilleuse.

31 mars

O Éternel, sois pour moi un rocher entouré de murailles, une solide forteresse où je trouverai le salut ! Oui, tu es pour moi un rocher, et une forteresse : à cause de ce que tu es, toi, tu me guideras et tu me conduiras.

Toute sa vie, le roi David a été attaqué. Il ressentait donc tout particulièrement le besoin d'être protégé. C'est pourquoi il supplie le Seigneur de lui donner cette protection. Mais, tout de suite après, il reconnaît qu'il l'a déjà et qu'elle vient du Seigneur.

Pourquoi donc la demander, puisque le Seigneur la lui a déjà donnée ? Peut-on prier pour avoir ce que l'on a déjà ? Cela peut paraître curieux, non ? Regardons bien.

Par ces prières, nous reconnaissons que ce que l'on a vient du Seigneur, et que lui seul peut nous le donner. De plus, demander quelque chose que le Seigneur donne, c'est la preuve que nous demandons quelque chose selon sa volonté, que nous avons la même pensée que lui.

Ma prière : Tendre Père, donne-moi la même pensée que toi. Guide mes prières par ton Esprit.

1 avril

Combien est grande la bonté que tu tiens en réserve pour ceux qui te vénèrent, et que tu viens répandre sur ceux qui s'abritent en toi, au vu de tous les hommes !

Au mois de juin, le maître des CE2 emmène ses élèves visiter des grottes. Chaque élève doit prévoir son pique-nique. La marche est longue. Tout au long du chemin, on apprécie d'avoir sa gourde... et on sirote à chaque occasion. Les chips et les sandwichs de midi donnent soif, aussi ! Et voilà l'inévitable : à quatre heures, les gourdes sont vides.

Pourtant, qu'il fait chaud, que les gorges sont sèches ! C'est alors que le maître ouvre le sac si lourd qu'il a porté vaillamment toute la journée. Et que sort-il ? De l'eau ! Toute une réserve d'eau dans laquelle chacun peut puiser librement !

Ma prière : Merci, Dieu et Père, parce que tu veux répandre sur moi toutes les réserves de ta bonté. Aide-moi à tout attendre de toi, et cela même avant d'en avoir absolument besoin.

2 avril

Vous, fidèles de l'Éternel, aimez-le tous !
L'Éternel garde les croyants, mais il punit
sévèrement les arrogants.
Soyez forts et prenez courage, vous qui
vous attendez à l'Éternel.

Un arrogant, c'est un orgueilleux. Ces versets parlent de ceux qui sont fiers de s'en sortir tout seul, ceux qui n'ont pas besoin de Dieu. Quelle est la plus grande punition que Dieu puisse leur donner ? Les laisser à leur arrogance, les laisser se débrouiller tout seuls.
Au contraire, ceux qui l'aiment seront gardés.
Tu veux être gardé ?
Tu veux être fort et courageux ?
Alors aime-le et attends tout de lui.

Ma prière : Seigneur Jésus, aide-moi à ne pas être arrogant, mais à désirer ton aide dans les moindres détails de ma vie.

3 avril

Heureux l'homme dont la faute est effacée, et le péché pardonné! Heureux l'homme au compte de qui l'Éternel ne porte pas le péché et qui est exempt de mauvaise foi!

Tous les hommes cherchent à être heureux. Mais aucune des recettes que l'on peut trouver dans le monde n'est vraiment efficace. Pourquoi?

Parce que le seul moyen d'être heureux, c'est d'être débarrassé de la culpabilité du péché et de la peur de sa conséquence: la mort.

Deux remèdes s'offrent à celui qui recherche le bonheur:

1. le remède que propose le menteur, le diable: Nier. Nier l'existence du péché, nier que l'homme est coupable, nier la mort éternelle. C'est du mensonge, de la mauvaise foi. Ce chemin nous éloigne du bonheur au lieu de nous le donner.

2. Le remède offert par Dieu: effacer, pardonner...
Reconnaître son péché peut paraître difficile, mais après, tout est oublié, pardonné, pour toujours!

Ma prière: Merci, Père céleste, parce que tu as pardonné mes péchés, parce que tu veux me voir heureux.

Tant que je taisais ma faute, je m'épuisais à gémir sans cesse, à longueur de jour. Sur moi, le jour et la nuit, ta main s'appesantissait, ma vigueur m'abandonnait comme l'herbe se dessèche lors des ardeurs de l'été. Je t'ai avoué ma faute, je n'ai plus caché mes torts, j'ai dit: "Je reconnaîtrai devant l'Éternel les péchés que j'ai commis." Alors tu m'as déchargé du poids de ma faute.

Les hommes disent : "Faute avouée est à DEMI pardonnée."
Dieu dit : "Péché reconnu (= confessé) est COMPLÈTEMENT pardonné."

mon état	ma relation avec Dieu	Dieu envers moi
1 je pèche	perdue	il m'a pardonné
2 je suis triste	perdue	il m'a pardonné
3 je regrette	en bonne voie...	il m'a pardonné
4 je confesse	retrouvée	...j'ai reçu ce pardon

Ma prière : Merci, mon Dieu et Père, parce que tu me pardonnes toujours grâce à la mort de ton Fils Jésus-Christ. Aide-moi à toujours reconnaître mes péchés de manière précise le plus tôt possible.

5
avril

Après sa mort, Jésus se présenta vivant à ceux qu'il s'était choisis comme apôtres et leur donna des preuves nombreuses de sa résurrection. Il leur apparut pendant quarante jours et leur parla du règne de Dieu.

Jésus est mort un vendredi soir. Le dimanche matin, il n'est plus dans le tombeau. Les chefs des Juifs ont fait courir le bruit que ses disciples l'avaient enlevé. Mais il apparaît à quelques femmes, puis à Pierre et aussi à deux autres disciples.
Qui croire ? Les chefs des juifs ou les disciples ?
Le Seigneur va-t-il laisser les siens dans l'incertitude ?
Non ! Il se présente à eux VIVANT et leur donne de NOMBREUSES preuves de sa résurrection : il passe quarante jours avec eux. Plus d'un mois !
Comment douter après cela ?
C'est très important pour nous aussi d'être bien persuadés que Jésus-Christ, le Fils de Dieu, est maintenant vivant.

Ma prière : Merci Seigneur Jésus parce que tu es vivant. Merci parce que tu l'as prouvé à tes disciples. Donne-m'en, au fond de mon cœur, une conviction aussi forte qu'une preuve.

6
avril

Réunis autour de Jésus, ses disciples lui demandèrent : "Seigneur, est-ce à ce moment-là que tu rendras le royaume à Israël ?" Il leur répondit : "Il ne vous appartient pas de connaître les temps et les moments que le Père a fixés de sa propre autorité. Mais le Saint-Esprit descendra sur vous : vous recevrez sa puissance et vous serez mes témoins à Jérusalem, dans toute la Judée et la Samarie, et jusqu'au bout du monde."

Le Seigneur est là, ressuscité, au milieu de ses disciples. Ils aimeraient bien savoir quand ils pourront régner ! Mais le Seigneur leur répond que ce n'est pas à eux de s'occuper de cela. Leur travail, à eux, c'est de dire partout QUI est Jésus.
Tu veux aller au ciel ? Pas de problème, ta place est prête ! Mais avant, il reste encore du travail ! Combien de personnes autour de toi ne savent pas encore qui est vraiment Jésus ?

Ma prière : Seigneur Jésus, aide-moi à attendre le ciel sans me décourager. Aide-moi aussi à être un fidèle témoin en attendant.

7
avril

Les apôtres virent Jésus s'élever dans les airs et un nuage le cacha à leur vue.(fin du verset 9) *Alors ils quittèrent le mont des Oliviers, et rentrèrent à Jérusalem. D'un commun accord, ils se retrouvaient souvent pour prier, avec quelques femmes, avec Marie la mère de Jésus, et avec les frères de Jésus.*

Combien ce serait triste si tout s'arrêtait au verset 9 ! Le Seigneur est remonté au ciel, un nuage l'a caché… C'est fini. NON, ce n'est pas fini ! Cela ne fait que commencer ! Et si le Seigneur n'est plus présent dans son corps au milieu des disciples, ce n'est pas grave car il leur a donné un moyen encore plus merveilleux pour s'adresser à lui : la prière. Et sans plus tarder, ils vont en profiter. Souvent.

Peut-être regrettes-tu que le Seigneur ne soit pas resté sur la terre ? Ce serait plus simple d'aller le voir pour demander quelque chose… Peut-être, mais si on devait aller à Jérusalem et faire la queue pour chaque prière, cela risquerait d'être un peu long !

Ma prière : Merci mon Dieu et Père parce que je peux te prier n'importe quand et n'importe où, tu m'écoutes toujours !

8 avril

Le jour de la Pentecôte, les disciples étaient tous rassemblés au même endroit. Tout à coup, un grand bruit survint du ciel : c'était comme si un violent coup de vent s'abattait sur eux et remplissait toute la maison où ils se trouvaient assis. Ils virent apparaître des sortes de langues qui ressemblaient à des flammèches. Elles se séparèrent et allèrent se poser sur la tête de chacun d'eux. Et ils furent tous remplis du Saint-Esprit et commencèrent à parler dans différentes langues.

Les disciples ont attendu à Jérusalem le don que Jésus leur avait promis de la part de son Père : le Saint-Esprit. Quelle chose extraordinaire que cette arrivée de l'Esprit de Dieu sur la terre ! Personne n'a dû regretter d'être là. Aujourd'hui, le Saint-Esprit ne se manifeste peut-être plus comme cela tous les dimanches… Mais le Seigneur Jésus a promis sa présence dans chaque rencontre faite pour lui.

Ma prière : Seigneur Jésus, donne-moi de la joie à aller aux réunions, pour être là où tu es, pour te faire plaisir, même s'il ne se passe rien d'extraordinaire.

9 avril

À ce moment-là, des Juifs pieux, venus de toutes les nations du monde, séjournaient à Jérusalem. Dans leur étonnement, ils n'en croyaient pas leurs oreilles et disaient : "Chacun de nous les entend parler dans sa propre langue des choses merveilleuses que Dieu a accomplies !"

Il y a bien des années, un missionnaire est allé dans un village de redoutables guerriers d'Amazonie. Il a appris leur langue et leur a annoncé la bonne nouvelle du salut en Jésus-Christ. Transformés par ce merveilleux message, ces hommes ont eu le désir de le partager avec leurs pires ennemis : les guerriers non moins féroces d'un village situé à quelques heures de marche. Ces deux tribus se haïssaient depuis toujours et ne parlaient même pas le même dialecte ! Ils sont quand même partis, sans armes, mais le cœur plein. À leur retour, ils étaient tout heureux d'annoncer que leurs ennemis avaient, eux aussi, cru en Jésus. Comment se sont-ils compris ? Mais voyons, Dieu connaît toutes les langues !

Ma prière : Merci mon Dieu et Père, parce qu'aucun obstacle ne t'arrête. Aide-moi à témoigner.

10 avril

Alors Pierre se leva et, d'une voix forte, il dit à la foule : "Écoutez bien, Israélites. Vous le savez tous : Jésus de Nazareth – cet homme dont Dieu vous a montré qu'il l'approuvait en accomplissant, par son moyen, au milieu de vous des miracles – a été livré entre vos mains conformément à la décision que Dieu avait prise et au projet qu'il avait établi d'avance. Et vous, vous l'avez tué en le faisant crucifier par des hommes qui ne connaissent pas Dieu.

Il y a à peine deux mois que le peuple a crucifié Jésus. Mais Pierre, rempli de l'Esprit Saint, se lève et proclame que, si cet homme est mort, c'est parce que :
    1. Dieu l'avait décidé à l'avance :
pour nous montrer son amour, par le sacrifice de quelqu'un qu'il approuvait, son propre Fils !
    2. Les hommes ont voulu le tuer :
Même si tout était prévu par Dieu, ils sont quand même responsables de la mort de Jésus !

Ma prière : Merci mon Dieu, parce que tu as livré celui que tu aimais, ton Fils Jésus, pour que je puisse maintenant t'appeler Père, être ton enfant.

"Dieu a ressuscité des morts ce Jésus dont je parle : nous en sommes tous témoins. Ensuite, il a été élevé pour siéger à la droite de Dieu. Voici donc ce que tout le peuple d'Israël doit savoir avec une entière certitude : Dieu a fait Seigneur et Messie ce Jésus que vous avez crucifié."

Les Juifs avaient voulu en finir avec Jésus en le crucifiant. Mais pour Dieu, c'est un nouveau commencement !
Dieu avait livré son Fils aux mains des homes sachant tout le mal qu'ils lui feraient. C'est vrai, mais il entrait aussi dans son plan de le ressusciter, de le glorifier, de lui donner la puissance (Il l'a fait Seigneur) et l'honneur (il siège à la droite de Dieu).

Ma prière : Merci mon Dieu et Père, pour cette œuvre magnifique que tu as accomplie envers ton Fils, mon Sauveur ! Veuille permettre que tout le monde puisse le savoir avec certitude et que beaucoup croient encore en lui.

12 avril

Spécial thème
"Les vêtements"

L'Éternel Dieu fit à Adam et à sa femme des vêtements de peaux pour les habiller.

Quand Dieu les a créés, Adam et Ève n'avaient pas besoin de vêtements.
• Ils n'avaient jamais froid, grâce aux conditions climatiques exceptionnelles dont la terre jouissait avant le déluge.
• Ils n'avaient pas honte d'être nus. Dieu les avait créés comme ça et c'était tout naturel !
Mais une fois qu'ils ont péché, ils ont fait connaissance avec la honte. Ils se sont cachés pour que Dieu ne voie pas leur faute. Mais Dieu qui les aimait n'a pas voulu les laisser ainsi. Qu'a-t-il fait pour couvrir leur honte ? Il leur a fait des vêtements de peau. As-tu déjà réfléchi à ce que cela veut dire ? D'où venait cette peau dont Dieu s'est servi ? Il a bien été obligé de tuer un animal pour lui prendre sa peau… Tout ça pour couvrir la honte des hommes…
À ce moment, il pensait déjà à son Fils, le Seigneur Jésus, qu'il devrait sacrifier un jour pour ôter notre honte, notre péché.

Ma prière : Merci, Père, parce que tu savais depuis toujours que tu devrais sacrifier ton Fils bien-aimé pour me sauver et que tu m'as aimé quand même.

13 avril

Spécial thème "Les vêtements"

Israël aimait Joseph beaucoup plus que tous ses autres fils, car il l'avait eu dans sa vieillesse. Il lui fit une tunique splendide.

On ne sait pas trop comment était la tunique de Joseph. Certains disent qu'elle était multicolore, d'autres qu'elle avait de longues manches... Une chose est sûre : elle était belle et se remarquait de loin. Elle était la preuve que Joseph était le fils préféré de Jacob. Cela a fait envie aux frères de Joseph. Ils ont été tellement jaloux qu'ils l'ont vendu.

Les gens autour de toi doivent pouvoir voir aussi que tu es un enfant de Dieu. Cela leur fera peut-être envie et ils s'approcheront à leur tour du Seigneur Jésus. Mais peut-être que certains seront tellement jaloux qu'ils se moqueront de toi ou voudront te faire du mal. Dieu t'aidera alors à être fidèle, comme l'a été Joseph.

Ma prière : Dieu tout puissant, merci parce que je suis ton enfant. Aide-moi à en ressentir de la joie et non de la crainte.

14 avril

Spécial thème
"Les vêtements"

Puisque Dieu vous a choisis pour lui appartenir et qu'il vous aime, revêtez-vous d'ardente bonté, de bienveillance, d'humilité, de douceur, de patience.

Hier, nous avons vu que les hommes doivent pouvoir remarquer que nous sommes enfants de Dieu, que nous avons sa faveur. Comment ? Devons-nous nous habiller de manière spéciale, comme Joseph avec sa robe ? Au sujet des vêtements, la Bible ne nous donne pas beaucoup d'indications. Elle nous dit juste de ne pas nous travestir (c'est-à-dire vouloir ressembler à une fille quand on est un garçon, et vis versa) et de nous habiller décemment, ce qui n'est pas très à la mode cette année !
Mais c'est surtout par ton attitude, ta manière d'être, que les hommes verront que tu es un croyant. Il faut habiller ton cœur de bonté, de bienveillance, d'humilité, de douceur, de patience...
Tout un programme !

Ma prière : Seigneur Jésus, aide-moi à revêtir mon cœur de bonté, de bienveillance, d'humilité, de douceur et de patience pour te faire honneur dans ma manière d'être, tous les jours de ma vie.

15 avril

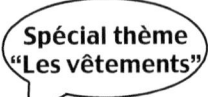
Spécial thème
"Les vêtements"

Avant que Ruth parte, Booz lui dit : "Donne la cape que tu portes, tiens-la bien !" Elle la tint ainsi, et il y versa vingt-cinq litres d'orge et l'aida à les charger sur elle, puis elle rentra à la ville.

Il y a longtemps, en Inde, Mimosa entendit parler d'un Dieu qui l'aimait. Elle décida de lui être fidèle malgré la persécution. Elle était très pauvre et n'avait souvent rien à manger, ni pour elle, ni pour ses enfants. Mais elle avait pris l'habitude de prier en étendant devant elle son "sari", un grand tissu qui lui servait de robe. Elle attendait que Dieu le remplisse, comme Booz avait rempli d'orge le manteau de Ruth. Dieu a souvent répondu à son attente, d'une manière ou d'une autre, mais même si le sari restait vide, elle se relevait toujours avec le cœur plein de joie et de paix.

Booz a rempli d'orge le manteau de Ruth parce qu'il l'aimait. Dieu nous aime aussi et veut nous faire du bien. À nous de lui faire confiance et de lui présenter notre vie comme Ruth a présenté son manteau

Ma prière : Tendre Père, merci parce que tu veux me bénir. Aide-moi à tout attendre de toi et à prier avec foi, certain que tu répondras.

16 avril

Spécial thème "Les vêtements"

Le père dit à ses serviteurs : "Allez vite chercher un habit, le meilleur que vous trouverez, et mettez–le lui ; passez–lui une bague au doigt et chaussez-le de sandales, car voici, mon fils était mort, et il est revenu à la vie ; il était perdu, et je l'ai retrouvé."

Le fils prodigue revient à la maison, ses habits en lambeaux. Il sent le cochon à plein nez. Pouah ! Eh bien, c'est comme ça que son père l'a reçu et l'a serré dans ses bras ! Il aurait pu d'abord l'envoyer se laver et se changer… Non. Il l'accepte comme il est, avec toute sa misère. Ça fait si longtemps qu'il l'attend !

Ensuite, pour lui prouver son amour et son pardon, il lui donne les habits les plus beaux. En enlevant ses habits sales, le garçon enlève son péché. En revêtant les habits propres, il revêt le pardon de son père.

Ma prière : Tendre Père, merci parce que tu m'as aimé alors que j'étais encore tout sali par le péché. Merci pour ton pardon. Aide-moi maintenant à sentir bon pour toi.

17 avril

Spécial thème
"Les vêtements"

Le roi entre dans la salle des noces et aperçoit là un homme qui n'a pas d'habit de noces. "Mon ami, lui demande-t-il, comment as-tu pu entrer ici sans être habillé comme il convient pour un mariage ?" Alors le roi dit aux serviteurs : "Prenez-le et jetez-le, pieds et poings liés, dans les ténèbres du dehors."

En Orient, un homme qui se mariait devait fournir une robe à tous ses invités. Imagine qu'un invité se dise : "Bof ! elle est pas terrible, cette robe. J'en ai une bien plus jolie dans mon coffre. Je mettrai plutôt la mienne pour aller à ce mariage."
Quel affront ! Cet homme qui méprise le cadeau du marié et préfère venir avec sa robe n'est pas digne de participer à la noce. Il n'a rien à faire là !
Si quelqu'un estime avoir toujours fait le bien pendant sa vie et prétend pouvoir entrer au ciel grâce à sa petite justice personnelle, il sera jeté dehors. Il faut avoir revêtu la robe offerte par le Seigneur Jésus pour pouvoir passer l'éternité avec lui.

Ma prière : Seigneur Jésus, merci parce que tu n'exiges rien de moi pour m'ouvrir le ciel. Aide-moi à l'accepter simplement.

18 avril

Spécial thème "Les vêtements"

"- Ces gens vêtus d'une tunique blanche, qui sont-ils et d'où sont-ils venus ?
- Ce sont ceux qui viennent de la grande détresse. Ils ont lavé et blanchi leurs tuniques dans le sang de l'Agneau."

Cette tunique, c'est ton cœur. Pour pouvoir entrer dans la présence de Dieu, dans le ciel, il faut qu'elle soit blanche, que ton cœur soit sans péché.
Lorsque tu as cru que Jésus est mort sur la croix pour pardonner tes péchés, tu as "lavé ta tunique dans le sang de l'Agneau".
C'est Jésus qui a tout fait pour nous ouvrir le ciel. Nous, nous n'avons qu'à croire. Mais ce n'est pas toujours facile, car il faut accepter le fait que tout ce qui vient de nous ne vaut rien. Le prophète Esaïe dit que "tout ce que nous pouvons faire pour nous rendre justes est comme un vêtement souillé". Vivement le ciel où nous serons parfaits !

Ma prière : Seigneur Jésus, merci parce que tu t'es laissé dépouiller de tes vêtements à la croix, pour m'offrir une robe toute blanche.

19 avril

Celui qui parle beaucoup ne saurait éviter de pécher, mais l'homme avisé met un frein à ses lèvres.

Es-tu bavard ?
Si comme moi, tu aimes bien parler, tu as déjà dû te rendre compte que c'est un grand piège. En effet, à moins d'être quelqu'un de vraiment très savant, on est vite à court de choses intéressantes à dire. On est alors entraîné à raconter des choses que l'on ne devrait pas révéler, ou encore des choses peu gentilles ; sans parler de toutes celles qui n'apportent rien ou qui sont fausses. On peut facilement se laisser glisser sur une pente qui pourrait nous amener à dire du mal ou même des mensonges !
Quelqu'un d'avisé, c'est quelqu'un de sage, de prudent. Il fera attention de ne pas parler pour ne rien dire, pour le plaisir. Il essayera aussi de réfléchir si ce qu'il va dire est pour le bien.

Ma prière : Père céleste, aide-moi à mettre un frein à mes lèvres. Que tout ce que je dis puisse te faire plaisir.

20 avril

C'est la bénédiction de l'Éternel qui enrichit, et toute la peine qu'on se donne n'y ajoute rien.

Il y a quelque temps, nous avons voulu enlever la souche d'un gros arbre de notre jardin. Pour pouvoir couper les racines, il m'a fallu faire un trou très grand. Ma petite fille de quatre ans a décidé d'aider son papa. Elle a pris sa petite brouette en plastique, sa pelle et son seau. C'était pour elle un gros travail que d'essayer de remplir son seau...
M'a-t-elle vraiment aidé ? Non, bien sûr.
Souvent nous aussi, nous pensons faire de bonnes choses pour le Seigneur. Mais la seule qui soit nécessaire, c'est de lui offrir notre vie, pour que LUI puisse nous bénir.

Ma prière : Merci, mon Dieu et Père, parce que tu m'aimes et que tu veux me bénir. Merci parce que tu es puissant pour le faire.

21 avril

L'Éternel a horreur des balances fausses, mais il aime les poids exacts.

Les vendeurs malhonnêtes faussent leurs balances. Celles-ci affichent alors un poids supérieur au poids réel. L'acheteur paye, par exemple, 10 kilos de marchandises, alors qu'on ne lui en donne que 9.

C'était une pratique courante avant que les gouvernements ne fassent, comme c'est le cas aujourd'hui en France, de nombreuses vérifications avec de grosses punitions pour ceux qui trichent.

Tu n'as certainement pas de balance, tu n'es pas commerçant, mais tu peux être quand même tenté de tricher : quand tu joues, quand tu as des évaluations en classe... Ce verset nous dit ce que Dieu pense des tricheurs. Et, comme il sait tout, voit tout, il n'a pas besoin de vérifier !

Attention, pour plaire au Seigneur, les poids doivent être exacts ; cela veut dire que nous devons être honnêtes, sans compromis, sans hésitation.

Ma prière : Seigneur Jésus, donne-moi un cœur profondément honnête. Que je puisse aussi avoir en horreur la tricherie et le mensonge.

22 avril

Celui qui traite son prochain avec mépris est un insensé, mais l'homme intelligent accepte de se taire.
Une femme belle et dépourvue de bon sens est comme un anneau d'or dans le groin d'un porc.

Et paf !
Aujourd'hui, la beauté physique compte de plus en plus. Surtout pour les femmes, d'ailleurs. C'est l'œuvre du diable.
Voilà ce que Dieu pense de quelqu'un pour qui seule l'apparence physique compte : c'est comme si on mettait des bijoux sur un cochon ! Il vaut peut-être mieux être un lion sans bijoux, qu'un cochon paré de pierres précieuses. De la même manière, il vaut mieux être sage que beau. Les deux ? On en reparlera un autre jour...
Mais attention ! Ce verset nous est donné pour nous-même ! Ne méprisons personne !

Ma prière : Père céleste, toi qui as façonné mon corps, aide-moi à apprécier simplement mon apparence physique et surtout à rechercher la beauté d'un cœur droit et bon, un cœur qui te plaise.

23 avril

Tel donne libéralement et ses richesses s'accroissent, tel autre épargne à l'excès et se trouve dans la pauvreté. Celui qui est généreux connaîtra l'abondance ; qui donne à boire aux autres sera lui-même désaltéré.

Un roi avait deux fils jumeaux. Pour savoir lequel serait le plus apte à lui succéder, il voulut les mettre à l'épreuve. Il leur donna à chacun une grosse somme d'argent et une ville à gouverner.

Avec son argent, le premier se fit construire un château fort et engagea une police efficace et des collecteurs d'impôts compétents. En très peu de temps, il multiplia la fortune que lui avait donnée son père.

Le second eut à faire face, dès son arrivée, à de mauvaises récoltes. Il décida d'aider les paysans en leur donnant de l'argent. Ensuite, il dut en donner aux habitants de sa ville, à cause d'une inondation, et petit à petit, toute sa fortune y passa.

Lorsque le roi vint voir ce qu'avait donné le test, il trouva un de ses fils couvert d'or mais détesté par tous ses sujets, et l'autre sans un sou mais aimé de tous. À ton avis, lequel a-t-il choisi ?

Ma prière : Seigneur Jésus, donne-moi le désir de partager tout ce que j'ai, qui me vient de toi.

24 avril

Le juste veille au bien-être de ses bêtes, mais le cœur des méchants est cruel envers elles.

La loi de Moïse disait :
"Pendant six jours, tu feras tout ton travail, mais le septième jour, tu l'interrompras pour que ton bœuf et ton âne jouissent du repos."
"Si tu trouves en chemin un nid d'oiseau sur un arbre ou par terre, un nid avec une mère couvant des œufs ou abritant des oisillons, tu ne prendras pas la mère avec sa couvée ; laisse s'envoler la mère, et tu pourras prendre les petits. Si tu agis ainsi, tu seras heureux et tu vivras longtemps."
"Tu ne mettras pas de muselière à un bœuf pendant qu'il foule le blé."

Ma prière : Aide-moi, mon Dieu, à prendre soin des animaux que tu as créés. Merci parce que nous pouvons librement en manger. Aide-moi à n'être cruel envers aucun, et même à tuer les nuisibles sans les faire souffrir.

25 avril

Le paresseux ne fait pas rôtir son gibier ; le bien le plus précieux de l'homme, c'est l'activité.

C'est difficile de chasser ! Surtout du temps de Salomon, quand les fusils n'existaient pas ! Mais que c'est bon, un bon morceau de viande… bien cuit ! Quel gâchis de manger le résultat de sa chasse sans prendre la peine de le cuire…

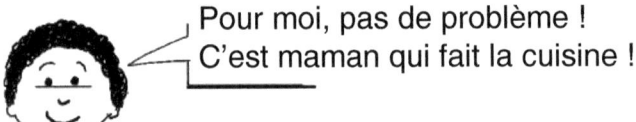

Pour moi, pas de problème ! C'est maman qui fait la cuisine !

Ce verset nous fait aussi penser à une autre chasse. Celle de la vérité, de la volonté de Dieu. C'est bien de lire la Bible. Mais je dois aussi réfléchir à ce que je lis, pour pouvoir mieux en profiter, pour que cela ait un résultat dans ma vie.

Ma prière : Père céleste, aide-moi à ne pas être paresseux, mais à bien réfléchir à ce que tu veux me dire chaque fois que je "pars en chasse" dans ma Bible.

26 avril

Depuis l'époque où Jean-Baptiste a paru jusqu'à cette heure, le royaume des cieux se force un passage avec violence, et ce sont les violents qui s'en emparent.

Jésus utilisait souvent des images fortes, et même parfois choquantes. Quel contraste entre la douceur de sa vie et la violence dont il est question ici ! Pourtant, il ne faut pas s'y tromper : le message révolutionnaire apporté par notre doux Sauveur a tellement "agressé" ceux qui faisaient semblant de plaire à Dieu qu'ils l'ont mis à mort !

De même, ceux qui ont voulu croire en lui ont dû se faire violence pour se reconnaître pécheurs, accepter comme Fils de Dieu ce Jésus si humble, et changer de vie.

Ma prière : Seigneur Jésus, travaille dans mon cœur pour que je puisse te ressembler. Donne-moi ton énergie farouche, violente, pour rechercher à plaire à ton Père, mon Père, et ta douceur dans mes relations avec les autres.

Jésus dit : "Je te loue, ô Père, Seigneur du ciel et de la terre, parce que tu as caché ces vérités aux sages et aux intelligents et que tu les as dévoilées à ceux qui sont tout petits. Oui, Père, car dans ta bonté, tu l'as voulu ainsi."

Si un jour, le diable te dit : "La Bible ? Mais c'est bien trop compliqué pour toi ! Il faut attendre d'être plus grand, plus savant !", eh bien, tu sauras quoi lui répondre !
Mais ce verset est aussi un avertissement : si je me crois sage ou intelligent, Dieu va me cacher des choses.
Pour qu'il puisse nous dévoiler ses vérités, il faut s'approcher de lui avec humilité, comme un tout petit.

Ma prière : Merci, ô mon Père, parce que tu as caché ces vérités aux savants et que tu les as révélées aux tout petits. Donne-moi d'être toujours petit à mes yeux, pour pouvoir les recevoir.

Personne ne connaît le Fils, si ce n'est le Père ; et personne ne connaît le Père, si ce n'est le Fils et celui à qui le Fils veut le révéler.

"Personne ne connaît le Fils".
Qui pourrait prétendre connaître Jésus, cet homme si humble et pourtant si puissant ? Celui qui ne possédait rien, mais à qui tout obéissait, les hommes, les bêtes et même la nature ?

"Personne ne connaît le Père".
Qui serait assez fou pour affirmer que, par sa propre sagesse, il peut connaître Dieu ? Ce Dieu infini, Seigneur du ciel et de la terre ?

Mais le Père connaît son Fils, Jésus : c'est lui qui l'a envoyé. Et le Fils connaît celui qui l'a envoyé et il veut nous le faire connaître.

Ma prière : Merci, Seigneur Jésus, parce que tu m'as révélé Dieu comme un Père.

29
avril

Venez à moi, vous tous qui êtes accablés sous le poids d'un lourd fardeau, et je vous donnerai du repos.

Quel est ce lourd fardeau dont le Seigneur veut décharger ceux qui se sentent accablés? C'est la culpabilité du péché et la peur de la mort.

Lors de la retraite de Russie, les soldats de Napoléon fuyaient la défaite, le froid et la terreur de ces immenses contrées. Ils emportaient les richesses qu'ils avaient pillées. Un officier ayant pu se procurer un misérable attelage proposait à ses soldats de monter avec lui. Quelques malades ont accepté, mais les autres ont préféré continuer seuls pour garder pour eux leur lourd butin. Ils sont tous morts de fatigue en chemin, serrant à pleines mains cet or pour lequel ils s'étaient sacrifiés. S'ils avaient accepté d'abandonner leur or, ils auraient eu la vie sauve.

Les plaisirs de la vie empêchent la plupart des gens de penser à l'éternité. Ils en oublient le fardeau du péché et ne peuvent pas s'en décharger.

Ma prière : Merci Seigneur Jésus pour le repos que tu as donné à mon cœur. Permets que beaucoup ressentent leur fatigue du péché et viennent vers toi pour être déchargés.

30 avril

Prenez mon joug sur vous et mettez-vous à mon école, car je suis doux et humble de cœur, et vous trouverez le repos pour vous-mêmes. Oui, mon joug est facile à porter et la charge que je vous impose est légère.

Sur cette image, tu peux voir à quoi sert un joug. Il permet à deux bêtes de tirer sur un attelage côte à côte. Pour être efficaces et pour ne pas se blesser, les deux bêtes doivent marcher bien ensemble. Il faut donc bien choisir les bêtes pour former une bonne paire. Un jeune bœuf sans expérience doit être mis avec un bœuf bien habitué et très costaud, capable de le maintenir dans le droit chemin.

Tu veux marcher toute ta vie à côté du Seigneur ? Alors tu feras l'expérience que c'est la seule façon de vivre une vie douce, facile, légère, même si cela t'oblige à marcher d'une certaine manière. Tu connaîtras une vie de repos en Jésus.

Ma prière : Seigneur Jésus, aide-moi à penser à cette image du joug chaque fois que le diable me dit que la vie chrétienne est difficile.

1
mai

A cette époque, un jour de sabbat, Jésus traversait des champs de blé. Comme ses disciples avaient faim, ils se mirent à cueillir des épis pour en manger les grains. Quand les pharisiens virent cela, ils dirent à Jésus : "Regarde tes disciples : ils font ce qui est interdit le jour du sabbat !"
- "Ah ! si vous aviez compris le sens de cette parole : Je désire que vous fassiez preuve d'amour envers les autres plutôt que vous m'offriez des sacrifices, vous n'auriez pas condamné ces innocents."

Attention ! On ne peut pas plaire à Dieu sans amour. Même si je suis le plus sage, le plus obéissant ou le plus serviable du monde, si ce que je fais n'est pas fait par amour, je n'ai pas compris le sens de la vie chrétienne.

Ma prière : Seigneur Jésus, remplis-moi de ton amour envers les autres, pour que tout ce que je fais puisse te plaire.

2
mai

"- A-t-on le droit de guérir le jour du sabbat ? - Supposez que l'un de vous n'ait qu'une seule brebis et qu'un jour de sabbat, elle tombe dans un trou. Ne la tirera-t-il pas pour l'en sortir ? Eh bien, un homme a beaucoup plus de valeur qu'une brebis ! Il est donc permis de faire du bien le jour du sabbat."

Dieu avait dit à propos du sabbat : *"Tu ne feras aucun travail ce jour-là."* Pour les pharisiens, guérir c'était travailler. Donc il ne fallait pas guérir un jour de sabbat ! Ceux qui disaient cela avaient certainement une très bonne santé... Le Seigneur leur fait remarquer que si eux-mêmes avaient un problème un jour de sabbat, ne serait-ce qu'avec un animal, ils s'empresseraient de travailler un peu !
C'est facile d'être dur et exigent avec les autres. Le Seigneur, lui, nous aime et il veut notre bien. Ses commandements sont pour notre bien (prendre du repos), mais sa manière de les appliquer aussi !

Ma prière : Aide-moi, mon Dieu, à toujours me souvenir que tu es un Père d'amour pour tous les tiens. Aide-moi aussi à savoir me mettre à la place des autres et à ne condamner personne.

3
mai

Le roi Nabuchodonosor fut saisi de stupeur : "N'avons-nous pas jeté trois hommes tout ligotés dans le feu ? Je vois quatre hommes sans liens qui marchent au milieu du feu sans subir aucun dommage corporel ; et le quatrième a l'aspect d'un fils des dieux."

Quoi qu'il doive leur en coûter, les trois amis de Daniel ont fermement décidé de ne pas désobéir à Dieu. Mais quelle angoisse ! Quand donc Dieu va-t-il se décider à agir ? Notre Dieu agit toujours d'une manière merveilleuse, même si elle est très éloignée de ce que nous pouvons imaginer.

Pour qu'il puisse librement agir, il te faut, comme ces trois hommes : un abandon complet, une confiance absolue, une foi sans limites.

Alors, comme eux, tu auras une délivrance totale (leurs vêtements ne sentaient même pas l'odeur du feu), mais aussi la possibilité extraordinaire de pouvoir t'approcher un peu plus de ton Sauveur (il marchait avec eux).

Ma prière : Dieu et Père, aide-moi à croire en ton amour et en ta puissance. Que je puisse ainsi te laisser agir dans ma vie sans m'inquiéter ni te gêner.

4
mai

Les préfets, les gouverneurs et les conseillers du roi se rassemblèrent pour examiner ces hommes : ils constatèrent que le feu n'avait eu aucun effet sur leurs corps, qu'aucun cheveu de leur tête n'avait été brûlé, que leurs vêtements n'avaient pas été endommagés et qu'ils ne sentaient même pas l'odeur du feu.

Voilà les trois hommes hors de la fournaise ! Ont-ils regretté d'y avoir été jetés ? Non, sûrement pas ! Quelle expérience !
Cette fournaise peut représenter bien des choses dans notre vie. Combien de difficultés peuvent surgir parfois devant nous... Mais une chose est sûre : si nous nous abandonnons entièrement à Dieu, si nous le laissons tout diriger en ne cherchant qu'à lui plaire, alors nous sortirons des plus grandes difficultés sans en être blessés.

Ma prière : Merci, Père céleste, parce que tu es puissant pour me délivrer entièrement de tout mal.

5 mai

Nabuchodonosor s'écria : "Loué soit le Dieu de Chadrak, de Méchak et d'Abed-Nego, qui a envoyé son ange pour délivrer ses serviteurs qui se sont confiés en lui et qui ont désobéi à mon ordre. Ils ont préféré risquer leur vie plutôt que de se prosterner et d'adorer un autre dieu que le leur."
Et le roi fit prospérer Chadrak, Méchak et Abed-Nego dans la province de Babylone.

Les trois amis ont obéi à Dieu et l'ont honoré par leur confiance. Ainsi, Dieu a pu agir librement. Le résultat ne se fait pas attendre :
• Dieu, le vrai Dieu est reconnu comme tel et loué : il est glorifié.
• Ceux qui ont obéi sont bénis.
Par ton obéissance et ta foi, tu peux toi aussi laisser Dieu agir dans ta vie. Tu verras alors comment il se glorifie dans chacune de tes circonstances et tu en retireras beaucoup de bien.

Ma prière : Seigneur Jésus, aide-moi à ne pas me laisser porter par le tourbillon de la vie, mais à chercher à t'obéir et à te faire confiance. Donne-moi le réflexe de prier dès qu'il m'arrive un truc difficile.

6
mai

Voici donc ce que décrète le roi Nabuchodonosor : "Tout homme de quelque peuple, nation ou langue qu'il soit qui parlera d'une manière irrespectueuse du Dieu de Chadrak, de Méchak et d'Abed-Nego sera mis en pièces et sa maison sera réduite en un tas de décombres, parce qu'il n'existe pas d'autre Dieu qui puisse sauver ainsi les hommes."

La confiance des trois amis a eu comme résultats
• leur bénédiction
• la gloire de Dieu
• un magnifique témoignage.
Ce magnifique témoignage aura comme résultats
• amener un grand respect envers Dieu
• faire connaître Dieu comme le Dieu qui sauve.
Pour qu'un Dieu sauve un homme, il faut qu'il l'aime. Un Dieu qui aime, c'est tout nouveau, c'est merveilleux !

Ma prière : Merci mon Dieu parce que tu es amour et que tu as voulu me sauver même au prix de la vie de ton Fils. Aide-moi à témoigner autour de moi de cet amour qui sauve.

7
mai

Nabuchodonosor adressa à tous les peuples le message suivant: "Que votre paix soit grande! Il m'a paru bon de vous faire connaître les signes que le Dieu Très Haut a accomplis envers moi. Que ses signes extraordinaires sont grands et ses prodiges éclatants! Son règne est un règne éternel et sa domination subsiste d'âge en âge."

Avant de nous raconter l'histoire extraordinaire qui lui est arrivée, le roi Nabuchodonosor prend soin de faire une introduction. D'abord, il salue, comme on le fait généralement dans une lettre. Mais juste après, il précise QUI est à l'origine de toute cette histoire: le Dieu très haut. Il écrit aussi une belle louange pour montrer à tous son adoration.

Nous pouvons avoir aussi une histoire, un témoignage intéressant à raconter. Allons-nous présenter cette histoire de façon à ce que tout le monde fasse attention à nous, ou allons-nous souligner la gloire de Dieu? Le mieux est de commencer par dire que tout vient de lui. Ensuite, on peut raconter...

Ma prière: Dieu et Père, aide-moi à ne pas cacher aux autres que c'est toi qui travailles dans ma vie.

8
mai

Moi, Nabuchodonosor, je vivais tranquille dans ma maison et je jouissais de la prospérité dans mon palais. Une nuit, j'ai fait un rêve qui m'a rempli d'effroi ; les pensées qui m'ont hanté sur mon lit et les visions de mon esprit m'ont épouvanté.

Nabuchodonosor était puissant, il avait le droit de vie ou de mort sur n'importe qui. La richesse de ses palais dépasse tout ce que l'on peut imaginer. Personne n'était honoré comme lui, il était l'égal d'un dieu. Était-il heureux pour autant ? Un rêve envoyé par Dieu, un seul, et voilà ce puissant roi rempli d'effroi et d'épouvante !
Les hommes recherchent la puissance, la richesse et les honneurs. Pendant toute ta scolarité, on te poussera à réussir pour obtenir cela. Mais le chrétien n'est pas sur la terre pour s'élever. Le Seigneur n'est pas venu pour nous donner richesse, honneur et puissance. Il nous donne bien plus : la paix avec Dieu.

Ma prière : Merci Seigneur Jésus pour cette paix merveilleuse que tu m'as acquise au prix de ton sang sur la croix. Aide-moi à l'estimer plus que tout. Que ce soit ma force, mon trésor et ma gloire.

9
mai

J'ai ordonné de convoquer tous les sages de Babylone pour qu'ils me donnent l'interprétation de mon rêve. Je le leur ai exposé, mais ils n'ont pas pu m'en donner l'interprétation. À la fin, s'est présenté devant moi Daniel. L'esprit des dieux saints réside en lui. Je lui ai raconté mon rêve.

Nabuchodonosor est angoissé. Il veut avoir la solution à son problème, l'explication de ce rêve qui le trouble. Cela ne paraît pas difficile : n'est-il pas le grand roi ? Il a tous les sages du royaume à sa disposition... C'est vrai, mais ses sages ne sont que des hommes et ne peuvent pas percer les secrets de Dieu. Pour cela, il faut faire appel à Daniel. Le roi pense que "l'esprit des dieux saints réside en Daniel", mais il va apprendre que c'est le Dieu Très Haut, le Roi des cieux qui lui donne cette sagesse, parce que Daniel le sert.

Ma prière : Merci, Seigneur Jésus, parce que je te connais, parce que tu m'aimes, parce que tu m'as délivré de mon péché et de mes angoisses. Merci parce que, grâce à toi, je peux m'approcher de Dieu et le connaître comme mon Père.

10 mai

La grâce, la bonté et la paix qui nous viennent de Dieu, le Père, et de Jésus-Christ, le Fils du Père, seront avec nous pour que nous en vivions, dans la vérité et dans l'amour.

L'autre jour, au marché, j'ai acheté les bulbes de trois fleurs différentes. Pour pousser, il leur faudra de la nourriture, terre et eau, mais aussi du soleil et de la lumière.

De la même manière, la grâce, la bonté et la paix sont comme des fleurs que te donne ton Père céleste pour embellir le jardin de ton cœur. C'est grâce à elles que nous sentons bon pour lui. Pour que ce miracle puisse s'opérer, il faut que ces trois fleurs trouvent de la bonne "terre" dans ton âme. Cette terre, c'est la vérité, c'est-à-dire Jésus-Christ lui-même. Et comme la plante a aussi besoin de lumière, ton âme doit aussi être remplie d'amour pour que la grâce, la bonté et la paix puissent s'y épanouir.

Ma prière : Père céleste, remplis mon cœur de ta Parole et de ton amour, pour que je puisse te faire plaisir en portant de bons fruits qui viennent de toi : de la grâce, de la bonté et de la paix.

11
mai

A présent, chère Dame, voici ce que je te demande : ce n'est pas un commandement nouveau que je t'écris, c'est celui que nous avons reçu dès le commencement : aimons-nous les uns les autres.

Si ce commandement n'était pas nouveau du temps ou l'apôtre écrit cette lettre - environ 60 ans après la mort du Seigneur - il l'est encore moins aujourd'hui !
Pourtant, Jean ne demande pas 36 choses à cette "dame" ou église. Il n'en demande qu'une, parce que si on obéit à ce commandement-là, on obéit automatiquement à tous les autres. C'est le premier et le plus important des commandements : AIMER.
Par la plume d'un autre apôtre, la Bible nous dit que "si je n'ai pas l'amour, je ne suis rien."

Ma prière : Seigneur Jésus, je reconnais que, tout seul, je ne peux pas obéir à ce commandement comme tu l'attends de moi. S'il te plaît, donne-moi chaque jour la volonté et la force d'aimer.

12 mai

Voici en quoi consiste l'amour : c'est que nous vivions selon les commandements de Dieu. Tel est le commandement selon lequel nous devons vivre. Il n'a pas d'autre but que de vous amener à vivre dans l'amour.

Jeannot et Carlos veulent offrir un beau cadeau à leur papa pour son anniversaire. Jeannot a choisi un magnifique livre sur les voitures anciennes. Grâce à lui, il espère bien faire "oublier" un peu à son père les mauvaises fréquentations qu'il lui reproche tant. Après tout, c'est avec l'argent de la vente de leurs petits chapardages qu'il a pu acheter ce livre ! Carlos, lui, n'a pas d'argent de poche et ne veut pas en "gagner" de façon malhonnête. Alors il a fait un beau dessin et lui a fabriqué un cadre super-chouette en coquillages collés.
À ton avis, quel cadeau va faire le plus plaisir au papa ? Le beau livre ou le petit tableau ? C'est le tableau, car il a été fait avec amour par un enfant qui désire obéir à son papa pour lui plaire.

Ma prière : Dieu et Père, aide-moi à comprendre que la seule manière de t'aimer, c'est de t'obéir.

13 mai

Un grand nombre de personnes qui entraînent les autres dans l'erreur se sont répandues à travers le monde. Ils ne reconnaissent pas que Jésus-Christ est devenu véritablement un homme. Celui qui parle ainsi est trompeur, c'est l'anti-Christ.

Qui est Jésus ?
• "véritablement un homme" (verset d'aujourd'hui)
• "le Dieu véritable et la vie éternelle" (1 Jean 5. 20)
Ceux qui ne croient pas cela sont dans l'erreur.
Ceux qui s'opposent à la Bible, quels qu'ils soient, sont perdus. Même si ce sont des grands savants.
La Bible nous le dit, il faut le croire.
Jésus-Christ, c'est Dieu qui est devenu un homme comme nous, mais sans péché.

Ma prière : Seigneur Jésus, aide-moi à croire très fort, au plus profond de mon cœur, que tu es Dieu et que tu t'es fait homme pour me sauver. Aide-moi à ne pas me laisser influencer par ce que j'entends à l'école ou à la télé.

14 mai

L'Ancien, à mon bien cher Gaïus que j'aime dans la vérité. Cher ami, je souhaite que tu prospères à tous égards et que tu sois en aussi bonne santé physique que spirituelle.

Voici la salutation que l'apôtre Jean - l'ancien - adresse au destinataire de sa troisième lettre, Gaïus. L'apôtre Jean aime son ami. Il le montre en souhaitant sa bonne santé. On pourrait penser que l'apôtre ne se soucie que des choses spirituelles, c'est-à-dire des choses qui concernent l'esprit et la relation de Gaïus avec Dieu... Non. Il s'inquiète autant de sa santé physique que de sa santé spirituelle.

Toi aussi, tu as sûrement des amis chrétiens. He bien, même si cela peut paraître gênant, un amour vrai doit se soucier de leur santé !

Celui-ci te paraît fatigué ? Demande-lui s'il n'a pas été malade. Celui-là te paraît triste ou en souci ? Encourage-le à faire confiance à Dieu.

Ma prière : Seigneur Jésus, aide-moi à montrer mon amour pour mes amis de manière concrète en étant attentif à leur santé.

15 mai

Cher ami, imite non le mal, mais le bien. Celui qui fait le bien appartient à Dieu; celui qui commet le mal ne sait rien de Dieu.

Autour de toi, tu peux voir beaucoup de comportements différents parmi les chrétiens. Certains paraissent bons, d'autres pas. Comment réagir ?
1. Ne te fie pas à ta propre impression. Le bien, c'est ce qui est fait pour Dieu, dans le respect de sa Parole, dans l'amour.
2. Si tu vois une bonne attitude, essaie de l'imiter.
3. Si tu vois une mauvaise attitude, ne l'imite pas ! Ne pense pas que, parce que les autres agissent ainsi, tu peux le faire aussi !

Ma prière : Dieu et Père, aide-moi à découvrir dans la vie de tes serviteurs les bonnes idées pour mieux te servir et à les mettre en pratique dans ma vie.

Que la paix soit avec toi.
Les amis te saluent.
Salue nos amis, chacun personnellement.

Imagine que cette lettre n'ait pas été envoyée à Gaïus, mais à toi. Comment aurais-tu transmis la salutation de l'apôtre ?

Il me semble que ce que l'apôtre attendait de Gaïus, c'est qu'il aille voir chaque personne, lui dise bonjour et lui raconte la lettre en lui disant que l'apôtre pense à eux et les aime toujours.

Aujourd'hui, le Seigneur n'est pas présent en "chair et en os" à la sortie de ton église… Mais si on se dit gentiment bonjour, avec l'amour qu'il a mis dans nos cœurs les uns pour les autres, ce sera un peu comme si c'était lui qui saluait personnellement chaque ami de notre église.

Ma prière : Seigneur Jésus, remplis mon cœur de ton amour pour tous les membres de mon église. Aide-moi à bien dire bonjour. Aide-moi à embrasser gentiment ceux qui n'ont peut-être aucun autre bisou de toute la semaine.

17 mai

"Je vais t'instruire et t'indiquer le chemin que tu devras emprunter, je serai ton conseiller, mes yeux veilleront sur toi. Ne sois donc pas stupide comme un cheval, un mulet dépourvu d'intelligence dont il faut dompter la fougue par la bride et par le mors pour qu'ils obéissent!"

Quand tes parents t'interdisent quelque chose, tu peux obéir simplement, en acceptant le fait que c'est pour ton bien parce qu'ils t'aiment et que leurs yeux veillent sur toi. Mais si tu ne veux pas l'accepter et que tu désobéis, ils seront obligés de te punir, de te forcer à obéir, comme le mulet auquel on met un mors.

Le Seigneur t'aime encore plus que ne le font tes parents. Il veut être ton conseiller et t'indiquer le chemin du bonheur. Comme tes parents, il préfère que tu lui obéisses spontanément, car "ce n'est pas de bon cœur qu'il afflige les humains". Ne l'obligeons pas à le faire !

Ma prière : Dieu tout puissant, toi qui es un si bon Père pour moi, aide-moi à obéir avec joie à tes commandements. Merci parce que je peux être sûr que tu feras mon bonheur, malgré moi s'il le faut.

18 mai

Vous tous qui êtes justes, acclamez l'Éternel! Car il convient aux hommes droits de le louer. Célébrez l'Éternel, avec la lyre et louez-le sur le luth à dix cordes! Chantez en son honneur un cantique nouveau! Jouez de tout votre art afin de l'acclamer!

Aujourd'hui, beaucoup de chrétiens sont persécutés dans le monde. Ils doivent se cacher pour lire la Bible et prier et ne peuvent pas chanter tout haut des cantiques, de peur qu'un traître les entende et les dénonce à la police. Cela leur fait de la peine, et ils préfèrent chanter en murmurant que ne pas chanter du tout.

Dans ton église, tu ne peux certainement pas écouter tout ce que disent les "grands": c'est souvent difficile! Mais il y a une chose que tu peux faire facilement, c'est chanter. Et ça fait plaisir au Seigneur. Il comprend que tu fasses quelques coloriages quand le temps te paraît long... Mais il aime tant quand tu poses ton stylo pour chanter avec les autres!

Ma prière: Merci Seigneur pour la liberté que j'ai de chanter des cantiques. Aide-moi à bien en profiter et à comprendre que cela te fait plaisir.

19 mai

Psaume 33. 4, 5

La parole de l'Éternel est droite, toute son œuvre est sûre. Dieu aime la justice et la droiture. L'amour de l'Éternel remplit la terre.

Dans un de ses livres, Marcel Pagnol raconte comment il a découvert que les adultes pouvaient mentir. Son oncle lui avait raconté qu'il était le propriétaire d'un parc magnifique, à Marseille. Mais Marcel appris peu après que ce n'était pas vrai du tout. Il écrit: "Je sus ce jour-là que les grandes personnes pouvaient mentir et je n'étais plus en sécurité auprès d'elles."

Il arrive aussi que ces grandes personnes se trompent. Même celles qui veulent honorer le Seigneur et qui s'efforcent pour cela de ne pas mentir, ne sont pas à l'abri d'une erreur.

Par contre, Dieu ne ment jamais et "toute son œuvre est droite". Que c'est bon de savoir que nous sommes en sécurité auprès de lui et que nous pouvons lui faire confiance ! Profitons-en !

Ma prière: Mon Dieu et mon Père, merci parce que je suis en sécurité auprès de toi. Aide-moi à te faire confiance pour les moindres détails de ma vie. Aide-moi aussi à aimer la justice et la droiture.

20 mai

L'Éternel a parlé : les cieux ont été faits par la parole de l'Éternel, et toute l'armée des étoiles est née du souffle de sa bouche. Les eaux des mers, il les amasse et les endigue, et il tient l'océan comme en un réservoir.

Nous savons que Dieu a créé le monde, sans vraiment nous rendre compte à quel point c'est fantastique. "L'Éternel a parlé", et voilà ! tout s'est mis en place. Mais une fois créé, le monde ne "tourne" pas tout seul : Dieu est toujours là et "soutient toutes choses par sa parole puissante" (Hébreux 1. 3). Il est toujours le maître des éléments : il a ouvert un passage dans la mer Rouge et dans le Jourdain ; il a arrêté la course du soleil pour que Josué gagne une bataille ; il l'a même fait reculer pour Ezechias !
Aujourd'hui encore, Dieu tient le monde dans sa main. S'il y a des tremblements de terre, des tornades ou des inondations, c'est lui qui le permet. Nous ne savons pas toujours pourquoi, mais lui le sait.

Ma prière : Tendre Père, merci pour ce monde merveilleux que tu as créé. Merci parce que tu m'aimes, même si je ne suis qu'une toute petite poussière dans cet univers que tu tiens au creux de ta main.

21 mai

Du haut du ciel, l'Éternel regarde la terre. Il voit tous les humains. De son trône, il observe tous les habitants de la terre. Il a formé leur cœur à tous, et il reste attentif à chacun de leurs actes.

Crois-tu que le président de la République connaisse tel ou tel enfant de ta classe ? Non, certainement ! Même le roi Salomon, qui avait demandé un cœur "large comme le sable de la mer" pour gouverner ce peuple "nombreux comme le sable de la mer", ne connaissait pas personnellement tous ses sujets. Le Roi des rois, lui, les connaît tous. C'est lui qui a "formé leur cœur à tous" et il prête attention à chacun. Il peut s'occuper de toi, en France, en même temps que de Moumounia, en Afrique, d'Abloonak au Pôle Nord et de Liu en Chine… Il est dans le ciel, sur son trône, et pourtant il se penche avec intérêt sur tes difficultés et écoute ta prière autant que celle du prisonnier persécuté pour sa foi. Il n'est ni sourd, ni lointain. Nous ne pouvons pas le comprendre, mais nous pouvons le croire et adorer.

Ma prière : Merci mon Dieu parce que tu me connais par cœur. Tu es mon Père et tu t'occupes de moi comme si j'étais unique au monde. Aide-moi, moi aussi, à prêter attention à ceux qui m'entourent.

*Mon sujet de fierté, c'est l'Éternel! Que les
humbles l'entendent et qu'ils se réjouissent!*

Un vieux fermier, très pauvre mais croyant, a rêvé
une nuit que l'homme le plus riche de la vallée allait
mourir la nuit suivante. Il s'empressa de raconter son
rêve à son patron. Celui-ci prit peur, car il possédait
toutes les terres de la vallée et habitait dans une
somptueuse maison. Il avait toujours été très fier de
ses richesses et n'avait jamais compris que son fermier puisse être aussi heureux alors qu'il ne possédait
rien.

Pourtant, cette nuit-là, c'est le fermier qui mourut.
c'était donc lui, l'homme le plus riche de la vallée! Il
était riche de la joie et de la paix de Dieu: il possédait le salut, il avait Jésus dans son cœur, il avait un
trésor dans le ciel.

L'apôtre Paul a écrit à ses amis de Rome que "notre
fierté se fonde sur l'espérance d'avoir part à la gloire de Dieu."

**Ma prière: Seigneur Jésus, aide-moi à ne pas être
fier de ce que je possède sur la terre, mais à me
réjouir de tout ce que tu me donnes et de tout ce
que tu fais pour moi.**

23 mai

Goûtez et constatez que l'Éternel est bon ! Oui, heureux l'homme qui trouve son refuge en lui.

Dans ma famille, nous avons l'habitude de citer un vieil oncle qui disait très souvent : "Le Seigneur est bon." Cela nous amusait beaucoup lorsque nous étions enfants, mais au fur et à mesure que le temps passe, nous nous rendons compte à quel point il avait raison. Oui, le Seigneur est bon et c'est important de le reconnaître
• pour l'aimer toujours plus
• pour ne pas nous enorgueillir : le bien que nous constatons dans nos vies ne vient pas de nous, mais du Seigneur.
Ce verset est si important que l'apôtre Pierre le cite dans sa première lettre. Tu peux apprendre à goûter combien le Seigneur est bon en faisant une liste de tous les privilèges qu'il te donne et en rajoutant au moins une ligne chaque jour. Même si une journée te paraît très nulle, tu peux trouver quelque chose à inscrire et tu verras que "le Seigneur est bon."

Ma prière : Seigneur Jésus, je sais que tu es bon. Aide-moi à le goûter et à le constater dans ma vie chaque jour, dans toutes les occasions.

24 mai

Ce discours toucha profondément ceux qui l'avaient entendu. Ils demandèrent à Pierre et aux autres apôtres : "Frères, que devons-nous faire ?"

Rempli de l'Esprit Saint, Pierre fait un discours saisissant devant la foule nombreuse présente à Jérusalem pour cette fête de Pentecôte.

Ces pèlerins venus de loin étaient surpris d'entendre parler dans leur langue maternelle, et Pierre en a profité pour leur présenter Jésus. Un Jésus rejeté par les hommes, mais aimé par Dieu. Un Jésus envoyé par Dieu pour accomplir son plan éternel de salut.

Quelle a été la réaction de ceux qui ont écouté ce message ? Ont-ils applaudi et acclamé Pierre ? "Bravo ! Bien parlé ! Encore, encore, c'est sympa ce que tu racontes !" Non ! Ils se sont tout de suite rendus compte qu'ils ne pouvaient se contenter d'écouter, il leur fallait agir. Le message de Dieu qu'ils venaient de recevoir était rempli d'autorité et ils avaient envie d'obéir !

Ma prière : Seigneur Jésus, remplis mon cœur d'un profond désir de te suivre et de t'obéir, lorsque j'entends parler de toi.

25 mai

"- Frères, que devons-nous faire ?
- Changez, et que chacun de vous se fasse baptiser au nom de Jésus-Christ, pour que vos péchés vous soient pardonnés. Recevez le salut, séparez-vous de cette génération dévoyée."

Par le moyen de Pierre, Dieu a touché des cœurs. Est-ce une impression passagère, une émotion d'un moment due à la force du discours ? Cela va bien vite se voir. Si ces personnes ont le courage de changer, de se faire baptiser et d'accepter de se séparer de ceux qui ont rejeté Jésus, alors c'est que leur foi est vraie et leurs péchés seront pardonnés ! Dieu ne nous a pas sauvés simplement par une bonne pensée. Il a envoyé son Fils pour mourir à notre place ! De la même manière, ce salut ne se reçoit pas par une bonne pensée. Mais il doit se traduire par des actes, par un abandon de notre vie à Jésus, par un changement dans notre attitude.

Ma prière : Seigneur Jésus, aide-moi à prendre conscience de ce que mon salut t'a coûté. Aide-moi à y répondre chaque jour par une vie qui ne ressemble pas à celle du monde, mais à la tienne.

26 mai

Dès lors, ils s'attachaient à écouter assidûment l'enseignement des apôtres, à vivre en communion les uns avec les autres, à rompre le pain et à prier ensemble.

Ces hommes et ces femmes qui ont cru ce que Pierre leur a dit ont réellement changé de vie :
• Ils écoutent régulièrement et avec attention ce que les apôtres ont à leur apprendre.
• Ils vivent dans une bonne entente les uns avec les autres.
• Ils se retrouvent pour se souvenir de la mort du Seigneur et pour prier.
Les réunions, c'est parfois long et difficile ! Mais c'est l'occasion merveilleuse d'être ensemble devant le Seigneur. À chaque réunion, essaie de vivre au moins un moment en communion avec ton église. Lorsque l'on est réuni pour étudier la Bible, écoute au moins la lecture... et pourquoi pas la suite ! Lors du culte, chante les cantiques et discipline-toi à écouter en entier quelques prières, celles de la Cène, par exemple. Tu verras comme c'est beau !

Ma prière : Merci Père céleste, parce que tu as fait des tiens une grande famille. Aide-moi à aimer ces réunions de famille autour de toi et à y être heureux.

27 mai

Tous les croyants vivaient unis entre eux et partageaient tout ce qu'ils possédaient. Ils vendaient leurs propriétés et leurs biens et répartissaient l'argent entre tous, selon les besoins de chacun.

Dans la famille De Lamotte-Cottin, Charles-Hubert et Henri-Alexandre ont chacun leur chambre et leurs jouets. Le premier aime les soldats de plomb ; le second préfère les constructions en Lego®. Chacun joue seul, dans sa chambre. N'allez surtout pas leur proposer de jouer aux soldats de l'un dans les constructions de l'autre ! Mélanger leurs jouets ? Ce serait le comble !
Sophie et Pauline Leureux, elles, trouvent tellement plus chouette de mettre leurs jouets en commun et de s'amuser ensemble !
Aimer, c'est donner, partager… Dieu veut partager son ciel avec ses enfants ! En attendant, ne voudraient-ils pas, eux, partager leurs biens terrestres ?

Ma prière : Seigneur Jésus, chasse de mon cœur tout égoïsme et aide-moi à découvrir la joie qu'il y a à donner et à partager entre frères et sœurs de ma famille, mais aussi de la tienne.

28 mai

Un homme paralysé demanda l'aumône à Pierre et Jean. Pierre lui dit : "Je n'ai ni argent ni or, mais ce que j'ai, je te le donne : au nom de Jésus-Christ de Nazareth, lève-toi et marche !" Aussitôt, ses pieds et ses chevilles se raffermirent. Il entra avec eux dans la cour du Temple, sautant de joie et louant Dieu.

Voilà près de quatre ans que Pierre et Jean ont arrêté leur métier. Ils ne reçoivent donc aucun salaire ! Vraiment, ce mendiant tombe mal !
Est-ce bien sûr ? Ces apôtres ont quelque chose à partager. Quelque chose de plus grand et de plus précieux que tout l'or et l'argent de la terre : Jésus. Jésus, venu d'un pauvre village, d'une région méprisée, mais dont le seul nom guérit instantanément ! Une fois guéri, ce mendiant ne se soucie plus de recevoir de l'argent. Il a été guéri par la puissance de Jésus et son seul désir est d'en profiter et de louer Dieu.

Ma prière : Dieu et Père, tu sais que je n'ai pas beaucoup d'argent à partager. Mais aide-moi à partager ce que j'ai de plus précieux, la joie d'avoir Jésus comme sauveur.

29 mai

Tout le monde le vit ainsi marcher et louer Dieu. On le reconnaissait : c'était bien lui qui était toujours assis à mendier près du Temple. Les gens étaient remplis de stupeur et de crainte. Quant à lui, il ne quittait plus Pierre et Jean. Tout le peuple se rassembla autour d'eux et ils étaient stupéfaits.

"Que devons-nous faire ?" avaient demandé ceux qui avaient cru au premier discours de Pierre. "Changez !" leur avait-il répondu.

En voilà un qui a bien changé ! Le triste mendiant infirme est devenu un joyeux disciple.

Bien sûr, nous ne sommes pas tous des mendiants guéris par le seul nom de Jésus. Mais le travail de Dieu dans nos cœurs devrait quand même se voir.

Quand Arthur a compris qu'il ne devait plus dire des gros mots comme il en avait pris l'habitude depuis la rentrée, il a beaucoup prié… Son Sauveur l'a aidé, et cela s'est vite remarqué.

Ma prière : Dieu et Père, aide-moi à t'abandonner ma vie pour que le travail que tu voudras faire dans mon cœur puisse montrer aux autres ta puissance et ton amour.

30 mai

Quand Pierre vit cela, il s'adressa à la foule : "Hommes israélites, pourquoi nous fixez-vous avec tant d'insistance comme si c'était nous qui, par notre propre pouvoir ou notre piété, avions fait marcher cet homme ? Non, c'est le Dieu de nos ancêtres qui vient de manifester la gloire de son serviteur Jésus."

Jonathan aime beaucoup son petit cousin Marc qui aura quatre ans la semaine prochaine. Il profite de la visite de Laure, la grande sœur de Marc, pour lui faire passer un cadeau d'anniversaire.

Que va faire Laure ?

• Donner le cadeau en chantant "Bon anniversaire" et marmonner qu'il est de la part de Jonathan, pendant que Marc déchire le papier à grand bruit ?

• Dire "Bon anniversaire" à Marc et lui expliquer que Jonathan, ce cousin qui aime bien jouer avec lui, a pensé à lui et lui a fait passer ce cadeau ?

Quelle solution te paraît juste ? Laquelle te semble correspondre à l'attitude de Pierre, dans ce verset ?

Ma prière : Seigneur Jésus, aide-moi à ne pas voler la gloire qui te revient pour ce que tu fais dans ma vie, mais aide-moi à le raconter simplement.

31 mai

Toutes les querelles proviennent de l'orgueil, mais les sages acceptent les conseils.

DÉFINITION : L'orgueil est le défaut d'une personne qui pense être mieux que les autres, mieux que ce qu'elle n'est en réalité, ou de quelqu'un qui pense n'avoir besoin de rien ni de personne.

L'orgueil c'est LE grand péché. Il nous éloigne de Dieu car il nous amène à croire que l'on peut faire quelque chose de bon sans lui. Il nous éloigne aussi des autres, car nous nous sentons mieux qu'eux et nous les méprisons. C'est ce mépris qui entraîne les querelles. Quels sont les signes qui m'avertissent que l'orgueil me gagne ?

• Mes efforts pour faire quelque chose de bien sans Dieu (gagner le salut en étant très sage, etc.)

• La susceptibilité (ne pas accepter les critiques)

• Le mépris pour les autres.

Quel est le remède ? C'est de suivre les bons conseils. On les trouve avant tout dans la Bible. Sa lecture me donne la vraie humilité. Surtout quand je vois la vie de perfection de mon Seigneur dans les évangiles.

Ma prière : Seigneur Jésus, remplis mon cœur de toi pour en chasser l'orgueil.

1
juin

Qui fréquente les sages deviendra sage, mais celui qui fraie avec les insensés va au-devant du malheur.

Yanis et Elsa rentrent de quinze jours de vacances. Elsa revient d'un camp en Suisse tandis que Yanis rentre de chez ses cousins de Marseille. Depuis leur arrivée, ils amusent toute la famille par leur façon de parler : il a suffi de quinze jours pour qu'Elsa prenne l'accent suisse et Yanis, celui de Marseille !
As-tu déjà remarqué que l'on pouvait changer de façon de parler, au contact des autres ?
Changer d'accent, ce n'est pas bien grave. Un accent se perd vite. Mais il y a autre chose de bien plus important qui peut changer au contact des autres. C'est notre manière de penser, de voir les choses...
Qui est-ce que j'aime bien fréquenter ? Les copains de la rue ou mes amis chrétiens ?
Avec quoi est-ce que je préfère passer mon temps : la télévision ou de bonnes lectures ?

Ma prière : Seigneur Jésus, donne-moi la force de refuser tout ce qui pourrait m'éloigner de toi.

2
juin

Qui refuse de châtier son fils ne l'aime pas ;
celui qui l'aime le corrigera de bonne heure.

"- Bonjour Sonia ! Dis donc, tu en fais une tête !
- Tu parles ! Mon père vient de me passer un méga-savon parce que j'ai terminé le pot de Nuttela®
qu'on avait entamé hier...
- Ouah ! Trop null ! Tu te fais gronder juste pour ça ?
T'as entendu ça, Lisa !
- Moi, mon père, il ne sait pas ce que je fais, et enco-re moins ce que je mange ! il s'en moque complète-ment. De toute façon, j'existe pas, pour lui...
- Te plains pas ! Moi, je l'ai jamais vu, mon père.
Quand il a su que Maman était enceinte, il est parti
sans laisser d'adresse ! Je préférerais encore être à la
place de Sonia : elle se fait gronder, mais au moins, il
l'aime, son père !"
Quand un papa (ou une maman) punit son enfant,
c'est aussi dur pour l'un que pour l'autre. Pour l'en-fant, il lui suffit de demander pardon ; le parent, lui,
prend le risque d'être moins aimé, pour le bien de
son enfant...

**Ma prière : Merci, mon Dieu, parce que tu prends
soin de moi et que tu me disciplines. Aide-moi à
l'accepter et à t'en être reconnaissant.**

3 juin

Le moqueur a beau chercher la sagesse : elle lui échappe, alors que la connaissance est facilement à la portée de l'homme de bon sens. Éloigne-toi de l'insensé, car il n'a aucun savoir à te communiquer.

Aimes-tu dessiner ? Chacun a ses sujets préférés : les fleurs, les pirates, les animaux, les voitures... Une fois terminés, on aime bien montrer ses dessins. Mais pas à n'importe qui !

Certaines personnes, c'est même pas la peine, elles n'y comprennent rien, elles se moquent toujours. Alors, même si elles me le demandent, je risque pas de leur montrer !

Il en est de même pour la sagesse. Dieu la révèle à ceux qui le respectent, qui désirent acquérir cette sagesse pour qu'elle guide leur vie et non pas pour l'analyser ou s'en moquer.

Un homme qui se moque de Dieu est un insensé, même s'il prétend être très sage et très savant. Sa sagesse n'a pas de valeur, on ne doit pas l'écouter. Et c'est pareil pour les livres ou les émissions !

Ma prière : Dieu et Père, donne-moi du respect et de l'humilité pour recevoir ta sagesse. Garde-moi de toute autre source qui pourrait la polluer.

4 juin

Réparer un tort : les insensés s'en moquent, mais les justes manifestent de la bonté.

Louise a cassé le joli stylo-plume de Rachel. Jacques a fait un croche-pied à Kevin. Antony a raconté que sa sœur Maryse a encore besoin de son doudou pour s'endormir. Louise, Jacques et Antony ont commis des torts. Vont-ils réagir comme des insensés en disant : "Je n'ai pas fait exprès !" ou "Ce n'est pas bien grave…" ? Ou est-ce qu'ils vont essayer de manifester de la bonté et de réparer leur faute ? Le premier pas, c'est bien sûr de reconnaître que l'on a eu tort. Ensuite, il faut essayer de réparer… Louise pourra facilement remplacer le stylo. Mais Jacques aura plus de peine à faire comprendre à Kevin qu'il regrette ces grosses écorchures aux genoux de son ami… Il pourrait peut-être lui donner son goûter ? Par contre, les moqueries qu'a dû endurer Maryse ne peuvent guère être rattrapées ! Combien de temps faudra-t-il pour que les autres oublient ? Les mauvais propos se transmettent si vite, de bouche à oreille ! Mais là encore, si Antony manifeste de la bonté à sa sœur, elle sera consolée…

Ma prière : Seigneur Jésus, aide-moi à reconnaître quand je fais du mal et à manifester de la bonté.

5 juin

Bien des hommes pensent être sur le bon chemin, et pourtant, ils se trouvent sur une voie qui, finalement, mène à la mort.

Nous avons l'intention de retrouver un certain coin de pique-nique particulièrement agréable. Je me souviens bien de la route. Cette forêt, ces champs, tout m'indique que nous sommes sur le bon chemin. Mais voilà un carrefour ! Les panneaux indicateurs sont très clairs : nous nous sommes trompés, nous ne sommes pas du tout là où nous croyions être. Il faut alors faire demi-tour, revenir au point de départ et reprendre le chemin… avec la carte !

Un ami m'a raconté l'autre jour tous les efforts qu'il faisait pour se persuader qu'il n'y a rien après la mort. Il est d'ailleurs très content de lui car, disait-il, il a réussi et maintenant, il est tranquille. Sauf qu'il y pense tout le temps…

Sûr de soi, tranquille, peut-être… mais quand même sur le mauvais chemin ! Quand il s'agit de l'éternité, ce chemin mène à la mort, que l'on y croie ou non.

Ma prière : Seigneur Jésus, amène beaucoup d'hommes à se rendre compte qu'ils sont sur le chemin de la mort éternelle. Donne-leur la force de se tourner vers toi et de te donner leur vie.

6
juin

Opprimer le pauvre, c'est outrager son Créateur, mais avoir de la compassion pour les indigents, c'est l'honorer.

Sais-tu ce qui est le plus dur pour un pauvre ?
C'est le mépris.
Tu n'as peut-être pas beaucoup d'argent, mais tu as beaucoup de choses que tu peux donner : un gentil sourire, un simple bonjour... Ce verset ne nous dit pas de donner de l'argent, mais d'avoir compassion.
Il y a des pauvres qui le sont par manque d'argent. Mais il y en a aussi qui le sont par manque d'amour, de respect, ou d'affection.
Si certains de tes camarades se montrent particulièrement désagréables, c'est peut-être parce qu'ils sont pauvres...

Ma prière : Mon Dieu, aide-moi à découvrir les pauvretés qui se cachent. Aide-moi à t'honorer par ma compassion envers tous ceux qui sont pauvres. Je sais bien que je n'ai pas cette compassion dans mon cœur, mais je sais aussi que tu veux me donner la tienne.

7
juin

Jésus dit à l'homme (qui avait la main paralysée): "Étends la main!" Il la tendit et elle redevint saine. Alors les pharisiens se concertèrent sur les moyens de faire mourir Jésus. Quand Jésus sut qu'on voulait le tuer, il partit de là. Une grande foule le suivit et il guérit tous les malades.

Regarde combien l'attitude de notre Seigneur est merveilleuse! Lorsque les pharisiens jaloux cherchent un bon moyen pour le mettre à mort, il s'en va. Tout simplement, sans plus s'occuper d'eux.
Aujourd'hui, les hommes accusent Dieu de ne rien faire contre les catastrophes naturelles et les guerres. "Si Dieu existait, tout cela n'arriverait pas! ou "Si Dieu s'occupe des hommes et s'il est amour, pourquoi permet-il tout cela?" Ces hommes oublient que ce monde a fait mourir Jésus! Et Jésus est "parti de là". Il ne s'est pas imposé comme roi. Mais il prend toujours soin de ceux qui le suivent.

Ma prière: Merci, Seigneur Jésus, pour ton immense amour qui laisse chaque homme libre de te suivre ou non. Merci parce que tu as travaillé dans mon cœur pour que je fasse partie de ceux qui te suivent.

8 juin

Pendant que Jésus parlait encore à la foule, voici que sa mère et ses frères se tenaient dehors, cherchant à lui parler. Mais Jésus répondit : "Qui est ma mère ? Qui sont mes frères ? Car celui qui fait la volonté de mon Père céleste, celui-là est pour moi un frère, une sœur, une mère."

Jésus n'aimait-il donc pas sa maman ? Oh si ! mais pour lui, chaque personne a autant d'importance. Il nous aime tous d'un même amour.
Cet amour de Jésus est si grand qu'il appelle frères et sœurs ceux qui font la volonté de son Père !
Quelle est cette volonté ? Que nous l'aimions et que nous nous aimions les uns les autres.

	> amour qui pardonne >	
DIEU	< amour qui remercie <	TOI
	> amour qui adopte >	

Ma prière : Merci Seigneur Jésus parce que tu es venu sur la terre pour me révéler l'amour que Dieu a pour moi : un amour si grand qu'il m'a adopté comme son enfant. Merci parce que tu m'appelles ton "frère", ta "sœur".

Il prit la parole et leur exposa bien des choses sous forme de paraboles. Il leur dit : "Un semeur sortit pour semer. Vous donc, écoutez ce que signifie la parabole du semeur."

Dieu a toujours voulu communiquer avec l'homme. Avant la venue de Jésus sur la terre, il parlait par le moyen de prophètes, puis il a parlé directement par les enseignements du Seigneur, et maintenant encore, il parle par le moyen de la Bible.

Jésus a donné une parabole pour nous montrer quatre façons différentes de recevoir ce que Dieu nous dit. Il expose cette parabole à toute la foule, puis il en donne l'explication à ses disciples. Ces quatre prochains jours, nous allons lire en même temps la parabole et son explication.

Le message de Dieu est comparé à une graine. Le but d'une graine, c'est de pousser et de porter du fruit. Le but de tout message de Dieu est de nous faire grandir dans sa connaissance pour pouvoir porter des fruits pour lui.

Ma prière : Merci, Dieu et Père, parce que toi qui es si grand, si puissant, tu veux me parler à moi qui ne suis qu'un enfant.

10 juin

Alors qu'il répandait sa semence, des grains tombèrent au bord du chemin ; les oiseaux vinrent et les mangèrent.
• Chaque fois que quelqu'un entend le message qui concerne le royaume et ne le comprend pas, le diable vient arracher ce qui a été semé dans son cœur. Tel est celui qui a reçu la semence "au bord du chemin".

La première chose dont une graine a besoin pour pousser, c'est de la terre.
De la même manière, si nous lisons la Bible sans "creuser", sans réfléchir à ce que nous lisons, le diable vient enlever de nos pensées tout ce que Dieu avait à nous dire.

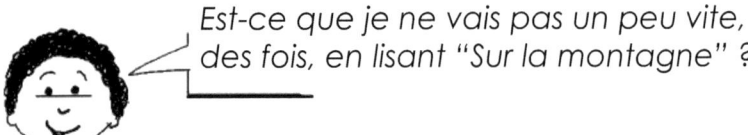

Est-ce que je ne vais pas un peu vite, des fois, en lisant "Sur la montagne" ?

Ma prière : Père céleste, aide-moi à lire avec attention les versets de la Bible et à te laisser le temps de me montrer ce que tu veux me dire par eux.

11 juin

Matthieu 13. 5, 6, 20, 21

D'autres grains tombèrent sur un sol rocailleux et, ne trouvant qu'une mince couche de terre, ils levèrent rapidement. Mais quand le soleil fut monté dans le ciel, les petits plants furent brûlés, et comme ils n'avaient pas pris racine, ils séchèrent.
• Quand il entend la Parole, celui qui la reçoit "sur le sol rocailleux" l'accepte aussitôt avec joie. Mais il ne la laisse pas prendre racine en lui, car il est inconstant. Que surviennent des difficultés et il abandonne tout.

L'autre jour, j'ai lu un verset sur la colère. J'ai très bien compris que c'est mal de se mettre en colère et je me suis promis de ne plus le faire. Mais je n'ai pas vraiment réfléchi à ce que cela devait changer dans ma vie et je n'ai pas pris le temps de demander l'aide du Seigneur... Aussi, dès que la colère a montré son nez, je n'ai pas eu la force - ou même l'idée de résister !

Ma prière : Seigneur Jésus, aide-moi à réfléchir aux changements que tu veux voir en moi. Aide-moi à reconnaître ma faiblesse et à demander ton secours.

12 juin

D'autres grains tombèrent parmi les ronces. Celles-ci grandirent et étouffèrent les jeunes pousses.
• Celui qui a reçu la semence "parmi les ronces", c'est celui qui écoute la Parole, mais en qui elle ne porte pas de fruit parce qu'elle est étouffée par les soucis de ce monde et par l'attrait trompeur des richesses.

Paulette et Jacques ont un passe-temps préféré. Allongés sur la moquette de leur chambre, ils feuillettent des catalogues. Paulette rêve sur les pages des beaux habits pendant que Jacques admire celles des modèles réduits. Hier soir, ils n'ont rien écouté quand toute la famille s'est réunie pour lire la Bible : leur anniversaire est dans un mois et ils ne pensent plus qu'à ça !
Chez Paulette et Jacques, les ronces s'appellent "habits" et "modèles réduits". Et chez toi ? Ton cœur fait aussi l'objet d'une rude compétition ! Mais une graine doit tomber dans un terrain libre pour pousser.

Ma prière : Dieu et Père, donne-moi la force d'arracher les mauvaises herbes du jardin de mon cœur.

13 juin

D'autres grains tombèrent sur la bonne terre et donnèrent du fruit avec un rendement de cent, soixante, ou trente pour un.
• Celui qui a reçu la semence "sur la bonne terre", c'est celui qui écoute la Parole et la comprend. Alors il porte du fruit.

La bonne terre, c'est un cœur bien préparé, qui écoute et qui comprend.
• Pour bien écouter, il faut être calme, prendre son temps et surtout se taire. Pour bien écouter Dieu, il faut trouver un coin tranquille, arrêter un moment toute autre activité et ne penser qu'à ce qu'on lit.
• Pour bien comprendre, il faut se concentrer, lire plusieurs fois et réfléchir à ce que l'on vient de lire.
Mais si je m'efforce de faire ça tout seul, ça ne donne rien. Je n'arrive pas à faire taire mes pensées et à réfléchir. La seule solution, c'est de commencer ma lecture en priant le Seigneur de m'aider à écouter et à comprendre.

Ma prière : Merci, Père céleste, parce que c'est toi qui sèmes et c'est toi qui prépares le terrain. Aide-moi à te donner mon cœur pour que tu puisses en faire de la bonne terre.

14 juin

Spécial thème "BB"

Tu m'as fait ce que je suis, et tu m'as tissé dans le ventre de ma mère. Merci d'avoir fait de moi une créature aussi merveilleuse : tu fais des merveilles, et je le reconnais bien.

As-tu déjà vu un tout petit bébé de quelques heures ou quelques jours ? Tu t'es peut-être penché sur le berceau d'un petit frère ou d'une petite sœur... Tu as admiré ses toutes petites oreilles, ses doigts minuscules aux ongles gros comme des coccinelles... Que c'est beau, un bébé ! Si petit, et pourtant il a tout, comme les grands !
C'est l'œuvre de Dieu.
Il pourrait créer tous les hommes comme il a créé Adam et Ève : directement adultes, sans passer par l'enfance. S'il ne l'a pas fait, c'est parce que c'est important d'être un enfant. Nous allons le voir cette semaine.
Et c'est aussi parce que Dieu aime faire de belles choses.

Ma prière : Mon Père, Dieu créateur, merci pour les bébés. Merci pour la vie.

15 juin

Spécial thème "BB"

L'Éternel intervint en faveur de Sara comme il l'avait promis. Elle devint enceinte et, au temps promis par Dieu, elle donna un fils à Abraham, bien que celui-ci fût très âgé. Il appela ce fils : Isaac (Il a ri).

Si le Seigneur Jésus ne revient pas nous chercher avant que tu sois adulte, il permettra peut-être que tu aies des enfants. Tu verras alors combien chaque naissance est un miracle qui nous montre la puissance de Dieu.

Mais il y en a de plus miraculeuses que d'autres : celle d'Isaac en est une. Abraham avait 100 ans quand son fils est né, et Sarah, sa femme était bien vieille aussi. Dieu leur avait promis cet enfant depuis des années. Ils auraient bien voulu l'avoir plus tôt, mais Dieu "fait toute chose belle en son temps". Il veut nous apprendre à attendre.

Plus on attend un cadeau, plus on est heureux de le recevoir… C'est pour cela qu'Abraham a appelé son bébé "Isaac", ce qui veut dire : "Il rit". Quand il est né, ses parents ont ri d'étonnement et de joie.

Ma prière : Seigneur Jésus, aide-moi à être toujours un sujet de joie pour mes parents.

16 juin

Spécial thème "BB"

Il y avait deux sages-femmes pour les Hébreux : Chiphra et Poua. Le pharaon leur donna cet ordre : "Quand vous accoucherez les femmes des Hébreux, si l'enfant est un garçon, mettez-le à mort."
Mais les sages-femmes révéraient Dieu ; elles n'obéirent pas au pharaon : elles laissèrent la vie sauve aux garçons.

Si Chiphra et Poua avaient choisi d'être sages-femmes, c'est certainement parce qu'elles aimaient beaucoup les bébés... Mais même si elles les aimaient de tout leur cœur, c'était difficile et dangereux de désobéir à l'ordre d'un roi si cruel et si puissant... Oui, mais elles aimaient Dieu aussi ! Et c'est leur amour pour Dieu qui a été le plus fort.
Tu as beau aimer très fort ton petit frère, quand il vient de déchirer toute ta collection d'images, tu as bien envie de lui donner une bonne "raclée" ! Seul ton amour pour Dieu peut alors être plus fort que ta colère. Il est prêt à remplir nos cœurs de cet amour-là ; il suffit de lui demander !

Ma prière : Seigneur Jésus, remplis mon cœur de ton amour, cet amour qui ne change pas.

17 juin

Luc 1. 43-44

Spécial thème "BB"

(Élisabeth dit à Marie) : "Comment ai-je mérité l'honneur que la mère de mon Seigneur vienne me voir ? Car au moment même où je t'ai entendu me saluer, mon enfant a bondi de joie au-dedans de moi."

L'ange Gabriel annonce à Marie qu'elle va avoir un bébé. Il lui dit que sa cousine Élisabeth est aussi enceinte depuis six mois. Alors, Marie se dépêche d'aller la voir. Quand elle arrive chez sa cousine et qu'elle la salue, Jean sursaute dans le ventre d'Élisabeth. Voyons, réfléchissons un peu :

• Jean n'est pas encore né. Il doit grandir encore pendant trois mois dans le ventre de sa maman avant de voir le jour. Et pourtant, il entend la voix de Marie et l'Esprit de Dieu lui fait comprendre que cette femme porte le Sauveur du monde.

• Jésus, lui, n'a que quelques jours dans le ventre de Marie. Et pourtant, il est déjà "reconnu" comme étant le Seigneur.

Un enfant dans le ventre de sa maman est donc un être humain dès le premier jour.

Ma prière : Tendre Père, merci parce que je suis vivant. Aide-moi à respecter la vie que tu donnes, la mienne et celle des autres.

18 juin

Spécial thème
"BB"

-*"Comment un homme peut-il naître une fois vieux ? s'exclama Nicodème. Il ne peut tout de même pas retourner dans le ventre de sa mère pour renaître ?*
- Vraiment, je te l'assure, reprit Jésus, à moins de naître de l'Esprit, personne ne peut entrer dans le royaume de Dieu."

Je ne me souviens plus du tout comment j'étais dans le ventre de ma maman, ni ce que j'ai ressenti quand je suis née. Quelques fois, j'aimerais bien recommencer, juste pour voir…
Eh bien, c'est justement ce que le Seigneur demande à Nicodème : naître de nouveau ! Nicodème n'y comprend rien. Et pourtant, c'est tellement important !
Quand un bébé naît, il a un corps tout neuf.
Quand un homme naît de nouveau, c'est-à-dire quand il croit que Jésus est mort pour lui et qu'il l'accepte pour sauveur, il a un cœur tout neuf ! C'est indispensable pour "entrer dans le royaume de Dieu."

Ma prière : Seigneur Jésus, merci parce que tu es mort pour me faire renaître à la vie éternelle.

19 juin

Matthieu 18. 1ᵇ-3

Spécial thème "BB"

"Qui donc est le plus grand dans le royaume des cieux ?"
Jésus appela un petit enfant, le plaça au milieu d'eux, et dit : "Vraiment, je vous l'assure : si vous ne changez pas d'attitude et ne devenez pas comme de petits enfants, vous n'entrerez pas dans le royaume des cieux."

"Quand je serai grand, je veillerai très tard !" ; "Moi, j'aurai une moto, je serai pompier…"
C'est le langage de tous les enfants. Mais le langage des enfants de Dieu, c'est : "Quand je serai petit".
Que veut donc dire le Seigneur, quand il demande aux "grands" de devenir comme des enfants ? Il veut dire qu'ils doivent être
• simples, pour croire Dieu de tout leur cœur, sans se poser de questions
• dépendants de Dieu, comme l'enfant est dépendant de ses parents.
Toi qui es déjà un enfant, prends garde à le rester !

Ma prière : Mon tendre Père, merci parce que je suis TON enfant. Aide-moi à rester tout petit dans mon cœur pour dépendre toujours de toi.

20 juin

Esaïe 66. 12-13

Vous serez portés sur les bras et caressés sur les genoux. Comme quelqu'un que sa mère console, ainsi moi, je vous consolerai.

Souvent, ma petite fille fait semblant de pleurer en reniflant très fort, juste pour le plaisir d'être consolée. Quelques fois, je la cache dans mon pull et je la berce doucement en chantonnant. Elle aime beaucoup ça... et moi aussi ! Mais d'autres fois, ce n'est vraiment pas le moment : je suis dans mes casseroles, en train de préparer le repas et je n'ai pas le temps de faire un câlin !
Notre père céleste, lui, a toujours le temps et ses câlins sont aussi bons que ceux d'une maman. Tu ne me crois pas ? Essaie ! Si tu as un souci, une peine, un chagrin, mets-toi à genoux devant ton lit et dis-lui tout. Ensuite, attends. Et tu verras que, petit à petit, tu te sentiras de mieux en mieux et tu te relèveras tout joyeux.
On est si bien, dans les bras de Dieu.

Ma prière : Dieu tout puissant, tu me dis dans ta Parole que je peux t'appeler "papa"... Aide-moi à en profiter et à te dire tout ce qui pèse sur mon cœur. Merci parce que tu veux me consoler.

21 juin

Voici quelles étaient mes visions : Au milieu de la terre se dressait un grand arbre, dont la hauteur était immense. Son feuillage était magnifique et ses fruits abondants. Je vis apparaître un ange qui cria d'une voix forte : "Abattez l'arbre ! Coupez ses branches ! Il perdra la raison et se comportera non comme un homme mais comme un animal, jusqu'à ce qu'aient passé sept temps. Cette résolution est un ordre des saints, afin que tous les vivants sachent que le Très-Haut domine sur toute royauté humaine." Tel est le rêve que j'ai eu, moi le roi Nabuchodonosor.

Quel rêve ! Il peut bien en être troublé, ce grand roi. Mais d'un autre côté, quelle chance : le "Très-Haut" lui fait une révélation ! Il est bien conscient que c'est très important de comprendre ce message, et c'est pour cela qu'il fait appel à Daniel.

Ma prière : Merci, Père céleste, parce que tu désires me parler chaque jour. Aide-moi à l'apprécier et à comprendre ce que tu veux me dire, avec l'aide de ton Esprit.

Daniel demeura un moment interloqué : ses pensées l'effrayaient. "Mon Seigneur, je souhaiterais que ce songe s'applique à tes ennemis. Cet arbre, ô roi, c'est toi ! Car tu es devenu grand et puissant. Voici ce que cela signifie, ô roi ! On te chassera du milieu des humains et tu vivras parmi les bêtes sauvages. Tu seras dans cet état jusqu'à ce que tu reconnaisses que le Très-Haut est le maître de toute royauté humaine et qu'il accorde la royauté à qui il lui plaît."

Aïe, aïe, aïe ! Combien cela a dû être dur pour Daniel, de dire quelque chose de si terrible au roi ! Mais il l'a fait par obéissance à Dieu et parce qu'il aimait ce roi. Il fallait l'avertir de ce qui allait lui arriver s'il continuait à s'élever dans son orgueil, sans vouloir reconnaître celui qui est au-dessus de tous.

Ma prière : Seigneur Jésus, toi qui es venu mourir sur la croix pour sauver tous les hommes, aide-moi à ne pas avoir peur de dire que nous sommes tous pécheurs et que nous devons le reconnaître humblement si nous voulons avoir la vie éternelle avec toi.

23 juin

Mais la royauté te sera rendue dès que tu auras reconnu que le Dieu des cieux est souverain.

Le but de toute épreuve permise par Dieu est de rapprocher les hommes de lui.

Pour Gilles, tout allait comme sur des roulettes en classe : bonne mémoire, bonne compréhension, ses résultas étaient parfaits. Sur le terrain de sport, personne ne pouvait le battre. Grand et musclé, il triomphait partout. Ah, c'était facile alors, de se vanter et de mépriser les autres...

Mais tout cela, c'était AVANT. Avant cette si mauvaise chute en ski qui l'a obligé à rester à l'hôpital pendant plus de trois mois. Maintenant, c'est fini, le sport ! et il y a tout le travail scolaire à rattraper... Cela fait beaucoup pour Gilles. Il se rend compte que, tout seul, il risque bien de ne pas y arriver. Il se demande s'il ne ferait pas mieux de se confier en Jésus, comme ses parents lui disent de le faire depuis bien longtemps...

Ma prière : Merci, Père céleste, parce que tu veux me bénir. Merci aussi parce que ton amour est si grand que tu prends parfois le risque de me retirer cette bénédiction pour m'approcher de toi.

24
juin

Au terme du temps annoncé, moi, Nabuchodonosor, je levai les yeux vers le ciel, et la raison me revint. Je remerciai le Très-Haut, je louai celui qui vit éternellement, et je proclamai sa gloire : sa souveraineté est éternelle et son règne dure d'âge en âge.

C'est vraiment extraordinaire qu'un roi si orgueilleux et fier ait pu dire cela. Combien le travail de Dieu dans un cœur peut être profond ! Quand on voit les hommes politiques qui gouvernent aujourd'hui notre pays, on a de la peine à imaginer qu'ils puissent donner leur cœur au Seigneur Jésus ! Et pourtant, Dieu les aime... comme toi, comme moi. Il est tout puissant pour toucher leur cœur, comme il l'a fait pour le nôtre.

Dieu nous demande de prier pour ceux qui gouvernent. Veux-tu essayer de prier pour ton directeur, pour le maire de ta ville, ou pour un ministre dont tu as entendu parler ?

Ma prière : Merci Seigneur Jésus, parce que tu es venu pour sauver tous les hommes. Aide-moi à ne pas l'oublier, mais à penser qu'un homme encore pécheur sera peut-être bientôt un de tes enfants.

25 juin

Un jour, le roi Balthazar organisa un banquet en l'honneur de ses mille dignitaires. Excité par le vin, il ordonna d'apporter les coupes du Temple de Jérusalem. Après y avoir bu du vin, ils se mirent à louer leurs idoles. À ce moment-là, les doigts d'une main humaine se mirent à écrire sur le mur. Le roi vit cette main qui écrivait. Alors son visage devint blême, des pensées terrifiantes l'assaillirent, il se mit à trembler de tout son être.

Ah ! il s'éclate bien, le roi ! Mais il dépasse les bornes. S'il ne se soucie pas de Dieu, Dieu, lui, contemple toute cette scène et va y mettre un terme.
Il y a aussi beaucoup de fêtes, de "boums", autour de toi. Ne crois-tu pas que l'on a vite fait de dépasser les bornes, dans ces occasions-là ? Et si le Seigneur Jésus y venait, serait-il un invité apprécié ou un trouble-fête ?

Ma prière : Seigneur Jésus, délivre-moi de l'envie de participer aux fêtes dans lesquelles on ne te respecte pas. Donne-moi d'avoir toujours conscience que tu te tiens près de moi.

26 juin

Daniel fut introduit en présence du roi. Celui-ci prit la parole et lui dit : "Si tu es capable de lire cette inscription et de m'en faire connaître l'interprétation, tu seras revêtu de pourpre et d'or et tu partageras le gouvernement." Alors Daniel prit la parole et dit au roi : "Garde tes présents et donne tes cadeaux à un autre ! Je vais cependant te déchiffrer l'inscription et t'en faire connaître l'interprétation."

Quel contraste ! D'un côté, un jeune roi terrorisé, incapable de comprendre le message qui lui est adressé ; de l'autre côté, un homme âgé, sage, calme, rempli de la pensée de Dieu.
Ce qui est triste, c'est que ce roi a encore l'orgueil et la sottise d'imaginer qu'il a le pouvoir d'enrichir Daniel. Mais celui-ci possède déjà la richesse la plus extraordinaire qui soit : la communion avec le Dieu Très-Haut.

Ma prière : Père céleste, travaille dans mon cœur pour que le privilège de te connaître, de t'appeler Père et de pouvoir te parler soit pour moi plus précieux que tous les milliards de dollars du monde.

Daniel 5. 25-28, 30

Voici mot à mot ce qui est écrit là : "Il a été compté : une mine, un sicle et deux demi-sicles." Et voici l'interprétation :
"une mine" : Dieu a compté les années de ton règne et les a menées à leur terme.
"Un sicle" : Tu as été pesé dans la balance et l'on a trouvé que tu ne fais pas le poids.
"Deux demi-sicles" : Ton royaume a été divisé pour être livré aux Mèdes et aux Perses.

Il nous semble parfois que la vie de beaucoup d'hommes se déroule sans Dieu. C'est peut-être vrai de leur côté, mais pas du côté de Dieu.
Chaque vie est comptée, pesée, et un jour divisée... Chacun aura à rendre compte un jour de ses péchés devant Dieu.

Ma prière : Seigneur Jésus, le jour où je devrai rendre compte à Dieu de mes péchés, il saura que tu les as pris sur toi en mourant sur la croix. Merci parce que, grâce à ton sacrifice, je n'ai plus de péché.

28 juin

La Bonne Nouvelle, c'est ce que Dieu a promis il y a bien longtemps par ses prophètes dans les Saintes Écritures. Elle parle de son fils Jésus-Christ, notre Seigneur qui, dans son humanité, descend de David, et qui a été déclaré Fils de Dieu avec puissance lorsque le Saint-Esprit l'a ressuscité des morts.

30 ans après la mort de Jésus, la bonne nouvelle du salut est déjà parvenue à Rome. Aussi, poussé par le Saint-Esprit, l'apôtre Paul va écrire une longue lettre aux romains. Il veut leur expliquer en détail ce grand projet que Dieu avait depuis toujours : aimer et sauver les hommes.
• Sujet de cette lettre : une Bonne Nouvelle (ou Évangile)
• Sujet de cette Bonne Nouvelle : Jésus-Christ, notre Seigneur, notre Éternel.
Mais qui donc est ce Jésus ? Il est un homme (descendant du roi David), mais il est aussi Fils de Dieu.

Ma prière : Dieu et Père, merci pour cette Bonne Nouvelle, pour ce message merveilleux qui me parle de Jésus-Christ, ton Fils, que tu as envoyé pour me prouver ton amour.

29 juin

Je suis fier de l'Évangile : c'est la puissance de Dieu par laquelle il sauve tous ceux qui croient.

L'Évangile (ou la Bonne Nouvelle), c'est le "mode d'emploi du salut".
L'apôtre Paul en est fier, car il est efficace et puissant, puisqu'il est capable de sauver TOUS ceux qui croient !
Imagine : Le papa de Bernard vient d'acheter un ordinateur. Il prend bien soin de le brancher, mais la machine refuse de démarrer. Son garçon lui propose un livre que son maître lui a passé pour "débuter", mais son papa refuse de le regarder : il sait très bien se débrouiller tout seul, il n'a besoin de personne !
Ce n'est que lorsque, à bout de nerfs, il va tout abandonner, qu'il accepte de jeter un coup d'œil au livre... et il y trouve tout de suite la solution !
Bernard est alors tout fier que ce soit dans le livre de son maître que son père ait pu trouver la solution.

Ma prière : Merci Seigneur Jésus, parce que le salut que tu offres est sûr et fort dans mon cœur. Merci parce qu'il est accessible à tout le monde. Aide-moi à en être fier !

30 juin

En effet, cet Évangile nous révèle en quoi consiste la justice que Dieu accorde : elle est reçue par la foi et rien que par la foi, comme il est dit dans l'Écriture : "Le juste vivra par la foi."

Avoir la foi, c'est être convaincu des choses que l'on ne voit pas. Quand tu as confessé tes péchés à Jésus et que tu l'as accepté comme Seigneur dans ta vie, il t'a sauvé. Mais en as-tu une preuve écrite, un papier signé ? Non, mais tu crois parce que c'est écrit dans la Bible... et dans ton cœur. Eh bien, cette confiance en Dieu, c'est ta foi.

Cette confiance montre que tu crois Dieu. Si tu crois Dieu, tu crois qu'il est juste. Et c'est pour cette raison qu'il t'accorde sa justice, c'est-à-dire qu'il te déclare maintenant juste.

Ma prière : Merci mon Dieu, parce que tu me demandes simplement de te croire pour me déclarer juste. Donne-moi toujours plus de cette foi.

1
juillet

Du haut du ciel, Dieu manifeste sa colère contre les hommes qui ne l'honorent pas et ne respectent pas sa volonté. Ils étouffent ainsi malhonnêtement la vérité.

Souvent, les hommes pensent qu'ils n'ont pas de compte à rendre à Dieu, qu'ils n'ont pas besoin de s'en occuper. Ils essayent même de se convaincre qu'il n'y a pas de Dieu. Ils le méprisent.
Pour honorer Dieu, il faut le reconnaître, l'écouter, le croire et lui faire confiance.
Pour respecter sa volonté, il faut l'aimer et aimer les autres.
Si les hommes font tout le contraire, ils ne doivent pas s'étonner si Dieu est en colère contre eux !

Ma prière : Merci, Seigneur Jésus, parce que j'ai cru en toi et que tu as pris sur toi la colère que Dieu avait envers moi. Aide-moi à ne pas avoir peur de dire que tu désires être cru et aimé.

2 juillet

Depuis la création du monde, les perfections invisibles de Dieu, sa puissance éternelle et sa divinité se voient dans ses œuvres quand on y réfléchit. Les hommes n'ont donc aucune excuse, car alors qu'ils connaissent Dieu, ils ont refusé de lui rendre l'honneur que l'on doit à Dieu et de lui exprimer leur reconnaissance.

Il n'y a pas de création sans créateur !
La nature est si belle, l'homme est si bien fait… et on ne voudrait pas comprendre qu'à l'origine de tout cela, il y a un créateur, un Dieu tout puissant ? C'est impossible ! Ceux qui disent qu'ils ne croient pas en Dieu sont des menteurs. Quand ils regardent autour d'eux, ils sont forcés de reconnaître qu'il existe un Dieu, même s'ils ne veulent pas l'avouer. Et si ce Dieu existe, il mérite le respect et la reconnaissance.

Ma prière : Merci, Dieu et Père, pour cette merveilleuse création qui me parle de ta puissance et de ta grandeur. Merci parce que tu t'es révélé à chaque homme par cette création.

3
juillet

Ils se prétendent intelligents, mais ils sont devenus fous. Oui, ils ont délibérément échangé la vérité concernant Dieu contre le mensonge, ils ont adoré et servi la créature au lieu du Créateur, lui qui est loué éternellement. Amen!

Les romains étaient très fiers de leur civilisation. Ils se croyaient très intelligents. L'apôtre Paul doit donc leur expliquer en détail que leur intelligence est une folie s'ils ne sont pas capables de reconnaître le Créateur comme seul vrai Dieu.

Hélas, pour expliquer cela, Paul est obligé de parler de choses très mauvaises... Alors ça lui fait du bien de parler de son Dieu, au milieu de son explication. Il ne peut faire autrement que de laisser déborder son cœur en disant qu'il "est loué éternellement". Même au milieu des choses les plus mauvaises, le seul fait de penser à Dieu donnait à Paul l'envie de chanter!

Ma prière: Dieu et Père, aide-moi à ne pas m'occuper des choses mauvaises qui se font dans le monde. Mais si j'y suis obligé, aide-moi à penser à toi pour garder mon bonheur.

Romains 1. 29ᵃ, 31-32

4 juillet

Ils accumulent toutes sortes d'injustices et de méchancetés, d'envies et de vices. Ils sont dépourvus d'intelligence et de loyauté, insensibles, impitoyables. Ils connaissent très bien la sentence de Dieu qui déclare passibles de mort ceux qui agissent ainsi. Malgré cela, non seulement ils commettent de telles actions, mais encore ils approuvent ceux qui les font.

Dieu a donné une conscience à chaque homme. C'est cette petite voix, dans notre tête, qui nous dit si ce que l'on fait est bien ou mal. Hélas, cette voix peut être tordue ou étouffée… Aujourd'hui comme du temps des romains, on voit des gens qui appellent "bien" ce que la Bible appelle "mal".
Quelle doit être ta référence ? Ce que les gens pensent ou ce que dit la Bible ?

Ma prière : Seigneur Jésus, aide-moi à ne pas me laisser influencer par ce que tout le monde pense. Que mon seul critère pour connaître le bien et le mal soit ce que tu me dis par la Bible.

5
juillet

Une réponse douce apaise la colère, mais une parole blessante excite l'irritation.

Au temps des juges, une tribu de nomades venus de Madian volait et détruisait tout ce qui appartenait au peuple d'Israël. Mais l'Éternel l'a délivré de manière miraculeuse : avec seulement 300 hommes, Gédéon met en fuite cette armée nombreuse comme "une nuée de sauterelles". Puis, il envoie des messagers à une tribu d'Israël, Ephraïm, pour qu'elle coupe la route aux fuyards. Son plan fonctionne à merveille, et la victoire est totale. Les vainqueurs se retrouvent, mais au lieu de se réjouir et de remercier Dieu pour cette victoire, les hommes d'Ephraïm sont furieux contre Gédéon, parce qu'il a commencé cette guerre sans eux. Gédéon aurait alors pu répliquer beaucoup de choses : "Vous auriez pu le faire vous-même" ou bien : "C'est Dieu qui m'a choisi"… Au contraire, il met en valeur le rôle qu'Ephraïm a joué dans cette victoire. Il dit même qu'il n'a rien fait, comparé à eux ! Quel est le résultat ? "Ces paroles apaisèrent leur colère."

Ma prière : Seigneur Jésus, toi qui es "doux et humble de cœur", aide-moi à te ressembler. Donne-moi les paroles douces, qui procurent la paix.

6
juillet

L'Éternel voit ce qui se passe en tout lieu ; il observe tous les hommes, méchants et bons.

Toute la classe est calme. Le maître vient de distribuer le devoir de Maths. Personne ne parle, chacun se concentre pour essayer de faire juste.

Mais voilà qu'on frappe à la porte. La secrétaire fait signe au maître qu'elle doit lui parler. Celui-ci sort dans le couloir... et la tension se relâche. Il y a déjà plus de bruit, des raclements de gorge, suivis bientôt par des chuchotements. Et si le maître tarde encore, les plus hardis vont même se lever, les plus sots vont copier sur le voisin !

Mais que la porte s'ouvre et en un clin d'œil, voilà la classe redevenue calme. La seule présence du maître suffit.

Si je pouvais toujours penser que mon Seigneur me voit à chaque instant, si je pouvais toujours voir sa tristesse lorsque je pèche, combien cela m'éviterait de lui déplaire !

Ma prière : Merci, Père céleste, parce que ton regard d'amour ne me quitte pas. Aide-moi à y penser dans la journée et que cela m'aide à ne pas te déplaire.

7
juillet

Il y a de nombreux trésors dans la maison du juste, mais les profits du méchant sont source d'inquiétude.

Dans ma classe, on joue beaucoup aux billes. Les plus forts sont Julien et Paul-André. Lui, il en a une collection incroyable. Il la garde dans une trousse en cuir qui ne le quitte jamais. Seuls, ses meilleurs copains ont le droit de les regarder, car il a trop peur qu'on lui en prenne !
Julien, lui, est trop super. Une de ses billes te plaît ? Pas de problème, il te l'échange, ou même, il te la donne "gratis" si t'es son copain. D'ailleurs, des copains, il en a plein. Mais moi, je sais pourquoi il est comme ça. C'est parce qu'il aime Jésus, lui aussi. Alors pour lui, être sympa avec les autres, leur faire plaisir et être "cool" avec tous, c'est plus que toutes les billes du monde, c'est un vrai trésor !

Ma prière : Seigneur Jésus, aide-moi à comprendre que les trésors du cœur donnent bien plus de bonheur et de paix que ceux de la terre.

8 juillet

L'Éternel a en horreur les sacrifices offerts par les méchants, mais les prières des hommes droits lui sont agréables.

Ce matin, Jeannie et Paula se sont disputées. Dans la bagarre, le beau vase de maman s'est brisé. Jeannie s'est précipitée vers sa maman pour lui demander pardon. Elle a beaucoup pleuré. Quant à Paula, elle s'est enfermée dans sa chambre. Ce n'était pas sa faute, c'est Jeannie qui avait commencé. Et puis ce truc tout vieux et moche n'avait pas à se trouver là ! Seulement, voilà : Jeannie et elle sont invitées chez Sonia, cet après-midi… Jamais leur maman n'acceptera de les laisser y aller ! Pour l'amadouer, Paula lui fait un beau dessin. Jeannie, elle, est allée demander à sa maman si elle pouvait accepter l'invitation malgré sa grosse bêtise.

Maman a été heureuse de donner la permission à Jeannie. Mais Paula a dû rester à la maison. Elle doit comprendre que le pardon ne s'achète pas. Il se reçoit par grâce lorsque l'on reconnaît humblement le mal que l'on a fait.

Ma prière : Seigneur Jésus, merci parce que tu m'as pardonné tous mes péchés en mourant sur la croix. Aide-moi à reconnaître tout ce que je fais de mal.

9
juillet

Une dure leçon attend celui qui s'écarte du droit chemin ; celui qui déteste être repris périra.

William et Robert ont fait une fameuse découverte ! Dans le vieux carnet de voyage de l'oncle Alfred, il y a la description d'une cité perdue, au beau milieu de la jungle... Ils décident de se mettre en route pour découvrir cette merveille. Mais avancer dans cette jungle n'est pas une mince affaire ! Il y a bien le carnet de notes qui les guide, mais les indications ne sont pas toujours faciles à comprendre. Souvent, nos deux amis sont obligés de revenir sur leurs pas. Que c'est décourageant ! William en a assez. Il ne veut plus revenir en arrière. C'est décidé, il continue à avancer. Mais Robert tient absolument à suivre les indications de leur oncle... Alors, ils se séparent. William continue son chemin, se fiant à son instinct, pendant que Robert revient sur ses pas... et finit par découvrir la cité. Il a compris que, pour atteindre le but, il faut savoir reconnaître quand on s'est trompé. William ? On ne l'a jamais revu.

Ma prière : Dieu et Père, aide-moi à savoir reconnaître quand j'ai tort et à rechercher ce que tu veux m'apprendre quand tu permets des difficultés.

10 juillet

Mieux vaut un plat de légumes là où règne l'amour qu'un bœuf gras assaisonné de haine.

Un grand seigneur du Moyen âge est invité par une de ses sœurs, mariée au roi d'un pays éloigné. Au cours de son voyage, il s'approche d'une ville gouvernée par un autre seigneur avec lequel il ne s'entend pas bien : ils n'arrivent pas à se mettre d'accord sur le partage d'un territoire.
Comme la nuit tombe, il est obligé de faire halte dans cette ville. Il s'apprête à accepter à contrecœur l'hospitalité dudit seigneur quand tout à coup, il croise une de ses anciennes servantes, qui s'est mariée avec un paysan de la région. Elle est toute contente de revoir son ancien maître et l'invite à passer la nuit dans sa maison. Celui-ci est bien soulagé : il ne reçoit qu'une simple soupe et un lit de paille, mais il sait qu'ici, il est aimé et ne risque pas d'être empoisonné, ni poignardé dans son sommeil !

Ma prière : Seigneur Jésus, merci parce que tu m'as donné quelque chose de très précieux à partager avec tous : ton amour versé dans mon cœur. Aide-moi à en faire profiter chacun.

11 juillet

Un cœur joyeux rend le visage aimable, mais quand le cœur est triste, l'esprit est abattu. Un regard lumineux met le cœur en joie ; une bonne nouvelle fortifie jusqu'aux os.

Avec ce verset, on apprend à percer le secret des cœurs. Entraîne-toi à regarder les visages de ceux qui t'entourent. Écoute les intonations des voix, regarde les plis du front...

"Tiens, Papa ne dit rien, aujourd'hui... Et comme ses mâchoires ont l'air serrées ! Il doit avoir du souci au travail..."

"Oh, la, la ! Maman a l'air énervée, ses yeux ne sont pas aussi doux que d'habitude, elle doit être fatiguée..."

Mais observer ne suffit pas, il faut agir ! Quel est le remède proposé ? "Un regard lumineux". Oui, ta joie, ta douceur, ta discrétion, ton amour redonneront de la joie à ceux qui en ont besoin.

Ma prière : Seigneur Jésus, aide-moi à être attentif aux peines des autres. Aide-moi à apporter de la joie. Fais que tout ce que tu mets dans mon cœur puisse se voir sur mon visage.

12 juillet

C'est parce que nous croyons en Jésus, que la puissance de ce nom a rendu à cet homme que vous voyez et que vous connaissez, la force de se tenir debout. Oui, cette foi qui est efficace par Jésus a donné à cet homme une parfaite guérison, comme vous pouvez tous vous en rendre compte.

Qui a guéri ce pauvre paralysé ?
• Pierre ?
    Peut-être : l'homme n'aurait certainement pas été guéri ce jour-là si Pierre n'avait pas été là…
• La foi de Pierre ?
    C'est sûr : si Pierre était passé à côté de lui sans croire que le Seigneur voulait et pouvait le guérir, il serait resté paralysé.
• Le Seigneur Jésus ?
    Sans aucun doute ! Seule sa puissance peut faire un tel miracle.

Ma prière : Seigneur Jésus, merci parce que tu es puissant et parce que tu te tiens tous les jours près de moi. Donne-moi la foi pour le croire, afin que tu puisses agir en moi et par moi.

13 juillet

Maintenant donc, changez et tournez-vous vers Dieu pour qu'il efface vos péchés.

Se convertir, c'est se retourner, faire un demi-tour complet pour partir dans la direction opposée. Imagine la scène suivante :
Tu te trouves dans un couloir. Devant toi, il y a une pièce sombre aux reflets inquiétants. Derrière toi se trouve un beau jardin dont tu entends les chants d'oiseaux.
Pour échapper à l'angoisse que te donne cette pièce, devant toi, tu te tournes sur le côté. Mais là, il n'y a qu'un mur ! Pour être vraiment délivré, il faut te retourner complètement et marcher vers le jardin. Alors seulement, tu es libéré de ton angoisse.
Pour ton esprit, c'est pareil. Vouloir changer de vie sans se tourner vers Dieu n'a aucun sens. Ça ne mène à rien, on se cogne au mur. Mais Dieu veut offrir à tous les hommes ce jardin : son amour, sa joie et sa paix dans chacun de nos cœurs.

Ma prière : Merci, Dieu et Père, parce que tu m'as pris par la main pour m'aider à faire ce demi-tour. Merci parce que, dans ton amour, tu as voulu effacer mes péchés.

14 juillet

Ce Jésus que vous avez crucifié et que Dieu a ressuscité des morts, c'est en lui seul que se trouve le salut. Dans le monde entier, Dieu n'a jamais donné le nom d'aucun autre homme par lequel nous devions être sauvés.

Mahomet, Confucius ou le Dalaï-lama n'ont jamais sauvé personne. Dans tous les temps, des milliers de gens se sont dits "envoyés de Dieu". Mais très peu sont morts pour les autres et aucun n'est jamais ressuscité !

Bien des hommes ont marqué leur temps par leur sagesse, mais aucun n'a pu apporter de salut valable devant le seul vrai Dieu.

Des personnes, peut-être très savantes, essayeront de te faire croire que Jésus était un prophète, un grand homme parmi d'autres, qu'il a même donné naissance à toute une civilisation, comme d'autres ont pu le faire aussi... Mais pour Dieu, "Jésus", c'est le nom de son Fils, qu'il a donné pour que nous soyons sauvés si nous voulons croire en lui.

Ma prière : Seigneur Jésus, merci parce que je sais que tu es vivant et que j'ai le salut en croyant en toi. Donne-moi la force de résister à tous ceux qui voudraient me faire changer d'avis à ce sujet.

15 juillet

Les membres du Grand Conseil étaient étonnés de voir l'assurance de Pierre et de Jean, car ils se rendaient compte que c'étaient des gens simples et sans instruction; ils les reconnaissaient pour avoir été avec Jésus. Mais, comme ils voyaient, debout à côté d'eux, l'homme qui avait été guéri, ils ne trouvaient rien à répondre.

Comment Pierre et Jean ont-ils osé parler avec autant de force et d'assurance devant ce terrible tribunal? Comment se fait-il que les membres de ce tribunal, pourtant furieux, n'aient rien trouvé à redire?
1) Pierre et Jean étaient de ceux qui marchaient avec Jésus et leur Seigneur se tient près d'eux, comme il le leur avait promis.
2) Tout ce qu'ils disent est vrai: leur façon de vivre en est une preuve, et cet homme guéri miraculeusement en est une autre.

Ma prière: Seigneur Jésus, merci parce que tu te tiens près de moi et que tu agis dans ma vie. Aide-moi à témoigner, simplement mais avec courage, de ce que tu fais dans ma vie.

16 juillet

Actes 4. 18-19

Les membres du Grand Conseil les firent rappeler et leur interdirent formellement de parler ou d'enseigner au nom de Jésus. Mais Pierre et Jean leur répondirent : "Jugez-en vous-mêmes : est-il juste devant Dieu de vous obéir, plutôt qu'à Dieu ?"

La maîtresse de Mathieu aime bien Halloween. Pendant tout le mois d'octobre, les activités ont porté sur ce thème : en maths, on comptait des fantômes, en sciences, on étudiait la courge... Mathieu a travaillé comme d'habitude, consciencieusement. Mais lorsque la maîtresse a voulu leur faire apprendre une poésie "magique", farcie de formules bizarres, Mathieu a refusé. Il a expliqué qu'il ne voulait pas s'occuper des choses du diable parce qu'il croit au Seigneur Jésus. La maîtresse s'est moquée, elle s'est même fâchée... Mais Mathieu n'a pas cédé. Alors, elle a compris que, pour Mathieu, Jésus est plus important que tout ce qu'elle peut dire.

Ma prière : Dieu et Père, aide-moi à être obéissant et soumis, mais donne-moi aussi le courage de refuser d'obéir quand on me demande de faire quelque chose qui n'est pas selon ta volonté.

Sitôt libérés, Pierre et Jean se rendirent auprès de leurs amis et leur racontèrent tout ce que les chefs des prêtres et les responsables du peuple leur avaient dit. Après les avoir écoutés, tous, unanimes, se mirent à prier Dieu.

Pierre et Jean viennent de vivre une expérience extraordinaire, mais difficile. Guérir quelqu'un, c'est peut-être très chouette, mais être convoqué devant un tribunal, c'est déjà beaucoup plus stressant !

Le Seigneur ne t'appelle peut-être pas à vivre des choses aussi difficiles, mais il nous arrive à tous d'avoir des soucis, des pressions. C'est alors qu'il faut mettre en pratique l'exemple d'aujourd'hui.

1. Se retrouver avec des amis (des parents, un frère ou une sœur avec qui tu peux parler)
2. Prendre le temps de raconter (retrouve dans le verset le petit mot TOUT)
3. Tout raconter au Seigneur en lui demandant de nous aider et le remercier pour ce qu'il a déjà fait.

Ma prière : Seigneur Jésus, aide-moi à partager mes soucis avec ceux qui t'aiment pour que nous puissions ensemble te prier et te remercier. Merci pour les parents que tu m'as donnés et avec lesquels je peux parler et prier.

18 juillet

"Maître, c'est toi qui as créé le ciel, la terre, la mer et tout ce qui s'y trouve. Maintenant, Seigneur, vois comme ils nous menacent, et donne-nous la force d'annoncer ta Parole avec une pleine assurance." Quand ils eurent fini de prier, la terre se mit à trembler sous leurs pieds. Ils furent tous remplis du Saint-Esprit et annonçaient la Parole de Dieu avec assurance.

Voilà une réponse qui ne s'est pas fait attendre! Et quelle réponse! Ces disciples avaient commencé leur prière en reconnaissant Dieu comme le créateur et Dieu leur montre qu'ils ont raison. Pour affirmer leur foi, il va même jusqu'à faire trembler la terre! Ensuite, les disciples ont prié Dieu de les aider à annoncer la Bonne Nouvelle. Cette demande est tout à fait selon la pensée de Dieu et il est heureux d'y répondre tout de suite. Tu veux que Dieu réponde à tes prières? Reconnais qu'il est tout puissant, et demande des choses précises, qui sont selon sa volonté. Attention, il va t'étonner!

Ma prière : Merci, mon Dieu, parce que tu es tout puissant. Merci parce que tu veux me bénir et que tu aimes répondre à mes prières. Guide-moi pour que je sache te demander ce qui est bon.

19 juillet

Voici à quoi ressemble encore le royaume des cieux ! Un marchand cherche de belles perles.

Ce marchand était un collectionneur. Toi aussi, tu collectionnes peut-être quelque chose : des billes, des images, des peluches ou simplement des timbres... Notre homme avait sûrement déjà d'autres perles ; peut-être même un magasin, une maison et sûrement un âne. Eh bien, il vend tout. Il ne lui reste qu'une chose : la perle désirée. C'est comme si tu rassemblais livres et jouets, vélo et collections, pour échanger tout cela contre un seul objet. Il faudrait vraiment qu'il soit précieux pour toi ! Ce marchand, tu l'as compris, c'est Jésus. Il a laissé le ciel, la gloire, la perfection et la présence de son Père, pour acquérir ce qui était si précieux pour lui : ton cœur, mon cœur, et celui de tous ceux qui croient en lui.

Ma prière : Seigneur Jésus, que ton amour est grand et merveilleux ! Rien ne peut le surpasser. Merci parce que tu m'aides à le comprendre un peu mieux grâce à cette parabole.

20 juillet

Il retourna dans la ville où il avait vécu. Son enseignement les remplissait d'étonnement, si bien qu'ils disaient : "D'où tient-il cette sagesse et le pouvoir d'accomplir ces miracles ? N'est-il pas le fils du charpentier ?" Aussi ne fit-il là que peu de miracles, à cause de leur incrédulité.

Qui est Jésus pour toi ?
Si tu penses, comme ses voisins, qu'il est "le fils du charpentier" ou "un homme" ou encore "le petit Jésus que l'on met dans la crèche à Noël", alors c'est que tu as encore un long chemin à faire vers lui avant de pouvoir recevoir ce qu'il a à te donner.
Si, par contre, Jésus est pour toi le Fils de Dieu, ton Seigneur et ton Sauveur, tout est différent. Puisque tu le reconnais comme
• Fils de Dieu, tu sais qu'il est tout-puissant.
• ton Seigneur, tu sais qu'il a tous les droits sur toi.
• ton Sauveur, tu sais qu'il t'aime.
Alors il peut faire des miracles dans ta vie.

Ma prière : Merci Seigneur Jésus parce que je sais que tu es le Fils de Dieu et parce que je t'ai accepté pour mon Sauveur et mon Seigneur. Merci aussi pour tout ce que cela veut dire dans ma vie de tous les jours.

21 juillet

Jésus se retira, à l'écart, dans un endroit désert. Mais les foules l'apprirent; elles sortirent de leurs bourgades et le suivirent à pied. Aussi, quand Jésus descendit de la barque, il vit une foule nombreuse. Alors il fut pris de pitié pour elle et guérit les malades.

Notre Seigneur vient d'apprendre que son cousin Jean Baptiste, celui qui avait été chargé par Dieu de "préparer le terrain" avant la venue de son Fils, est mort. Alors, il désire s'isoler, sûrement pour prier comme il en avait l'habitude... Mais voilà qu'une foule le rejoint. Il pourrait la renvoyer, il en a le droit et il a plein de bonnes raisons pour le faire!

Non. Son cœur plein d'amour est sensible à la souffrance de ces hommes. Aussi, tout au long du jour, il se penche sur eux pour les guérir.

Parfois, on me demande un service, un peu d'écoute un peu de temps... Il arrive que ce ne soit pas le bon moment, mais si je veux ressembler à mon Seigneur, je dois faire attention à ce que mes préoccupations personnelles ne passent pas avant les autres.

Ma prière: Seigneur Jésus, aide-moi à te ressembler pour que je ne refuse jamais d'aider quelqu'un.

22
juillet

Le soir venu, les disciples s'approchèrent de Jésus et lui dirent : "Cet endroit est désert et il se fait tard ; renvoie donc ces gens pour qu'ils aillent dans les villages voisins s'acheter de la nourriture." Mais Jésus leur dit :
"- Ils n'ont pas besoin d'y aller : donnez-leur vous-mêmes à manger.
- Mais, lui répondirent-ils, nous n'avons ici que cinq pains et deux poissons.
- Apportez-les moi", leur dit Jésus.

Nous n'avons peut-être pas tous les jours une foule à nourrir, mais nous avons quand même nos soucis... Que faut-il faire ? Prier et attendre que le Seigneur fasse tout ? Non. Le Seigneur veut nous apprendre quelque chose grâce à ces soucis. Il veut nous faire participer à son travail. Il faut donc premièrement reconnaître notre faiblesse (QUE cinq pains), et ensuite tout donner à Jésus.

Ma prière : Seigneur Jésus, aide-moi à te remettre tous mes soucis et à reconnaître que je ne peux pas m'en sortir tout seul. Aide-moi à te donner ma vie.

23 juillet

Il ordonna à la foule de s'asseoir sur l'herbe, puis il prit les cinq pains et les deux poissons, il leva les yeux vers le ciel et prononça la prière de bénédiction; ensuite, il partagea les pains et en donna les morceaux aux disciples qui les distribuèrent à la foule. Tout le monde mangea à satiété. On ramassa ce qui restait; on en remplit douze paniers. Ceux qui avaient mangé étaient au nombre de cinq mille hommes, sans compter les femmes et les enfants.

Si j'avais une foule à nourrir avec seulement 5 pains et 2 poissons, je crois, hélas, que je commencerais d'abord par râler et me plaindre que c'est ridicule et que ça ne sert à rien...
Mais Jésus connaît l'amour de son Père céleste et la puissance qu'il lui a donnée. Il commence donc par prier pour le remercier. Alors le miracle peut avoir lieu.

Ma prière: Père éternel, aide-moi à être reconnaissant pour tout ce que tu me donnes. Parfois, j'aimerais en avoir plus ou je préférerais autre chose, mais aide-moi à penser que tu m'aimes et à te faire confiance.

24 juillet

Aussitôt après, Jésus pressa ses disciples de remonter dans la barque pour qu'ils le précèdent de l'autre côté du lac, pendant qu'il renverrait la foule.

Le Seigneur Jésus vient de nourrir plus de 5000 personnes avec cinq pains et deux poissons. C'est un miracle extraordinaire !
Les disciples ont eu la chance de participer à ce miracle. Mais voilà que, tout à coup, le Seigneur les renvoie... Il les chasse presque ! C'est quand on lit la même histoire racontée par l'apôtre Jean que l'on comprend pourquoi : la foule, émerveillée par ce miracle, a envie d'enlever Jésus "pour le proclamer roi". Or cela n'était pas la volonté de Dieu. Jésus ne devait pas être choisi comme roi juste parce qu'il donnait bien à manger ! Jésus sait que ses disciples ne pourraient pas comprendre pourquoi il refuse. Alors, pour leur épargner cette déception, il les éloigne et reste seul pour renvoyer la foule.

Ma prière : Seigneur Jésus, merci parce que tu m'aimes et que tu prends soin de moi. Merci parce que, même si je ne m'en rends pas compte, tu me tiens souvent éloigné des choses que je ne pourrais pas comprendre ou supporter.

25 juillet

Quand tout le monde se fut dispersé, il gravit une colline pour prier à l'écart. À la tombée de la nuit, il était là, tout seul.

Sur la montagne…
Regarde au sommet de cette colline ; que vois-tu ? ton créateur à genoux. Après une journée passée à guérir les malades, à enseigner les foules et à distribuer de la nourriture, il prie.
Il y a des soirs où on est tellement fatigué que l'on n'a qu'une envie, c'est de se coucher et de dormir ! On a fait du sport, du vélo, couru, nagé peut-être… et il semble que l'on dort debout !
Et pourtant, après le tourbillon de la journée, c'est merveilleux de pouvoir se mettre à genoux. On n'est pas obligé d'y passer la nuit ! Mais dire simplement merci à notre Dieu et Père pour sa garde, pour la joie que nous avons eue… Lui remettre la nuit, la journée de demain, tous ceux que nous aimons… Il y a parfois des minutes qui reposent plus notre corps, notre âme et notre esprit que des heures de sommeil.

Ma prière : Mon Dieu, mon Père, aide-moi à finir toutes mes journées à genoux, quelles que soient les circonstances. Merci parce que tu es toujours présent à ce petit "rendez-vous".

26 juillet

Qui désire une longue vie ?
Qui voudrait être heureux ?
Qu'il veille sur sa langue pour ne faire
aucun mal, qu'aucun propos menteur ne
passe sur ses lèvres. Détourne-toi du mal,
et fais ce qui est bien, cherche la paix avec
ténacité. Les yeux de l'Éternel se tournent
vers les justes, son oreille est tendue pour
écouter leurs cris.

Tout le monde voudrait une longue vie...
Mais qui désire vraiment vivre une vie qui soit en profond accord avec Jésus-Christ ?
Tout le monde voudrait être heureux...
Mais qui fait attention à ne jamais mentir et à toujours rechercher la paix ?

Ma prière : Seigneur Jésus, aide-moi à respecter tout ce que tu me demandes, dans les moindres détails de ma vie. Aide-moi à veiller à toutes mes paroles pour qu'elles soient vraies et qu'elles ne fassent de la peine à personne. Aide-moi à fuir tout ce qui est mal, à rechercher de toutes mes forces le bien et la paix.

27 juillet

Il se considère d'un œil trop flatteur pour reconnaître sa faute, et la détester.
Les paroles de sa bouche sont mensonge et tromperie ; il ne veut pas réfléchir en vue de faire le bien.

Anisa est jolie. Anisa est polie. Anisa a de bons résultats en classe. Anisa est bien habillée. Anisa méprise ceux qui ne sont pas beaux, polis, doués et bien habillés. Anisa raconte à ses copines tout ce qu'elle fait : c'est extraordinaire ce qu'elle peut faire... surtout dans son imagination ! Mais Anisa s'est fâchée avec presque toutes ses copines, avec son frère, et elle ne supporte ni sa maîtresse, ni ses parents ! Bien sûr, elle vous dit que c'est leur faute... Ce n'est pas la peine d'essayer de lui faire comprendre que c'est elle la coupable ou qu'elle devrait essayer de rechercher le pardon : elle se fâche, elle boude et dit que personne ne la comprend...

Ma prière : Mon Dieu et Père, c'est très difficile d'être humble et de reconnaître ses fautes ; mais toi qui es tout-puissant, toi qui m'aimes, aide-moi. Aide-moi aussi à ne pas mentir et à rechercher le bien.

28 juillet

Ne t'irrite pas contre les méchants !
Ne jalouse pas ceux qui font le mal !
Mets en l'Éternel toute ta confiance !
Fais ce qui est bien, et, dans le pays, tu
demeureras en sécurité. En Dieu, mets ta
joie et il comblera les vœux de ton cœur.

Philippe et Yann connaissent le Seigneur Jésus. Dans leur classe, il y a tout un groupe de mauvais garçons qui ne pensent qu'à faire des sottises ! Philippe ne supporte pas cela. Il veut les en empêcher, il raconte tout ce qu'ils font à la maîtresse et à ses parents. Yann, lui, ne s'y intéresse pas. Il essaye de vivre en faisant plaisir à chacun. Il prie tous les matins pour ne pas être confronté à ses camarades "un peu pénibles". Il est toujours joyeux, paisible et gentil. Par contre, Philippe est triste, énervé et très irritable.
Si tu veux, toi aussi, être toujours joyeux et dans la paix, ne t'occupe pas de tout ce qui se fait de mal et recherche à plaire à ton Seigneur.

Ma prière : Père céleste, aide-moi à ne pas être tenté par le mal, ni pour le faire, ni pour le combattre. Aide-moi à penser à toi et à te faire confiance.

29 juillet

Tout mon corps est douloureux sous l'effet de ta colère, ô Eternel, dans mes membres, rien n'est sain, mon péché en est la cause. Mes fautes s'élèvent bien au-dessus de ma tête, elles sont un poids bien trop lourd pour moi. En toi, Éternel, est tout mon espoir. Tu me répondras, ô Seigneur, mon Dieu. Oui, je reconnais ma faute, mon péché m'angoisse.

Je suis malade. Le premier pas vers la guérison, c'est m'en rendre compte et accepter cette idée.

Ensuite, je dois reconnaître que cette maladie est grave. Elle est plus forte que moi, je suis obligé de rester couché. Mais ce n'est pas cela qui va me guérir ! Il faut aussi que j'appelle mon médecin et que je lui fasse confiance. Il faut que je lui raconte TOUT ce qui ne va pas pour qu'il puisse savoir ce que j'ai et me soigner.

Notre grande maladie, c'est le péché. Pour en être délivré, il faut le reconnaitre et s'en remettre au divin médecin.

Ma prière : Père céleste, divin médecin, aide-moi à toujours reconnaître mes péchés et à venir vers toi pour te les confesser TOUS.

30 juillet

Oui, devant toi, ma vie n'est vraiment presque rien, même s'il est solide, tout homme n'est qu'un souffle. Dès lors, Seigneur, que puis-je attendre? Mon espérance est toute en toi, de tous mes péchés, sauve-moi!

Certains insectes ne vivent que quelques heures. Cela te paraît bien court, pour une vie! C'est parce que la tienne dure depuis plusieurs années... Mais as-tu pensé à ce que cela représente aux yeux de Dieu qui est éternel?

C'est trop dur de s'imaginer l'éternité! Mais c'est merveilleux de penser que, si notre vie sur la terre n'est qu'un souffle, notre vie avec Dieu est éternelle. Cela vaut vraiment le coup de mettre son espérance en Jésus pour être sauvé de ses péchés!

Cela peut te paraître difficile de rester fidèle à ton Sauveur. Mais cette lutte ne durera que quelques instants par rapport à l'éternité de bonheur pour laquelle il t'a racheté.

Ma prière: Merci Seigneur Jésus parce que tu m'as préparé une place dans ton ciel. Merci parce que cette vie-là n'aura pas de fin.

31 juillet

Psaume 40. 10, 11

*J'annonce la bonne nouvelle de ton salut.
Je ne la tairai pas, Éternel, tu le sais. Je ne
garde pas dans mon cœur comme un secret
la délivrance que tu m'as accordée.
Je proclame bien haut combien tu es fidèle et
que tu m'as sauvé. Non, je ne cache pas ton
amour, ta fidélité dans la grande assemblée.*

Lise a déménagé. Elle habite maintenant à l'autre
bout de la ville. C'est difficile de changer d'école !
Alors ses parents lui proposent d'inviter tous ses
anciens camarades de classe pour son anniversaire.
Lise se fait toute une joie de les revoir ! Elle téléphone
aussitôt à Eva pour lui demander de transmettre l'invitation à chacun. Mais Eva hésite. Est-elle jalouse ? A-t-
elle peur que personne ne vienne ? Craint-elle que
l'on se moque d'elle ? Elle ne le sait même pas elle-
même. Mais voilà : la veille de cette fête, elle n'en a
encore parlé qu'à 5 ou 6 personnes… Quelle déception pour Lise, et quel regret pour Eva quand elle voit
la grande fête organisée… et toutes les places vides !

**Ma prière : Dieu et Père, fait déborder mon cœur de
la joie de mon salut. Aide-moi à en parler sans
crainte à tous ceux qui sont autour de moi.**

1
août

Que tous ceux qui te sont attachés soient débordants de joie, et qu'ils s'égaient en toi. Et que tous ceux qui aiment ton salut redisent constamment : "Que l'Éternel est grand !"

Quand l'école n'existait pas encore, on apprenait son métier en travaillant chez un artisan.

Paul et Jean avaient été engagés par un maître qui habitait une ville lointaine. On disait qu'il était exigeant et sévère. Pendant tout le trajet, Jean repensa à ce qu'il avait entendu à son sujet. Il devint anxieux et fort triste de devoir travailler chez un homme aussi dur. Il traînait des pieds et, plus il tardait, plus il craignait… Finalement, il eut si peur de le rencontrer qu'il s'arrêta dans une ferme pour chercher du travail. Il y fut traité en esclave pendant toute sa vie.

Paul, lui, était fier d'avoir été choisi par un maître si renommé. Tout le long du trajet, il essaya de récolter le plus de détails possibles sur son prochain métier, afin de plaire à son maître. Il chantait et sifflait tant qu'il pouvait, se dépêchant pour arriver plus vite chez cet homme qui l'avait choisi comme élève.

Ma prière : Seigneur Jésus, aide-moi à t'aimer toujours plus et à être reconnaissant du salut que tu m'as donné, pour que je sois toujours débordant de joie.

2
août

Daniel était l'un des trois ministres auxquels les gouverneurs du royaume devaient rendre compte, et il se révéla plus capable que tous les autres parce qu'il y avait en lui un esprit extraordinaire. C'est pourquoi l'empereur Darius songeait à le mettre à la tête de tout l'empire. Alors les ministres cherchèrent un motif d'accusation contre lui dans sa manière d'administrer les affaires de l'empire, mais ils n'en découvrirent aucun, car il était fidèle, de sorte qu'on ne pouvait trouver en lui ni négligence ni faute.

Voilà Daniel devenu le grand ministre de Babylone. Il a énormément d'affaires à régler, et pourtant, il ne fait jamais de faute ou de négligence...
Le secret de Daniel : une vie vécue pour Dieu. Tout ce qu'il fait, il le fait pour son Seigneur qui lui donne la sagesse nécessaire pour y arriver.

Ma prière : Dieu et Père, aide-moi à tout faire comme si c'était toi qui me l'avais demandé. Merci pour ton aide. Que cela soit un bon témoignage envers les autres.

3 août

Daniel 6. 6, 14

Les ministres se dirent : "Nous ne trouverons aucun motif d'accusation contre Daniel, à moins que ce ne soit en relation avec la Loi de son Dieu." Ils se précipitèrent chez Darius et lui parlèrent ainsi : "Daniel ne t'a pas obéi, car il n'a pas respecté ton interdiction. Trois fois par jour, il fait sa prière."

Si nous nous tenons près du Seigneur, il nous garde fidèles, honnêtes, droits et vrais. Alors, Satan n'a plus qu'un moyen pour nous attaquer : nous faire peur. Il peut s'attaquer directement à notre relation avec Dieu. Il ne se servira peut-être pas d'une interdiction, comme il l'a fait pour Daniel... Mais le diable sait aussi utiliser des choses moins visibles, plus blessantes... la moquerie, par exemple ! Que ce serait dur de voir un copain jaloux faire rire toute la classe en racontant que je me mets à genoux matin et soir et que je prie même avant les repas !

Ma prière : Seigneur Jésus, délivre-moi de toute crainte. Aide-moi, si on se moque de moi, à le supporter sans honte ni colère, en pensant que je suis l'enfant bien-aimé du grand Dieu créateur.

4
août

Alors l'empereur ordonna d'emmener Daniel et de le jeter dans la fosse aux lions. Il dit à Daniel : "Puisse ton Dieu que tu sers avec tant de persévérance te délivrer lui-même."

L'empereur Darius n'a pas du tout envie de faire jeter Daniel dans la fosse aux lions, mais il y est obligé. Il connaît Daniel et sait qu'il est fidèle à son Dieu. Mais, ce Dieu sera-t-il lui-même fidèle pour le délivrer ?

Même si nous ne nous en rendons pas toujours compte, beaucoup de personnes nous regardent vivre. Mais qu'est ce qui peut leur prouver que Dieu est amour : notre fidélité, ou la sienne ? La meilleure preuve, c'est sa fidélité, c'est ce que son amour accomplit dans nos vies.

Parfois, on s'efforce de rendre un bon témoignage devant ceux qui nous entourent. C'est bien sûr très important. Mais l'essentiel, c'est ce que DIEU fait. C'est lui qui décide des circonstances pour parler aux hommes.

Ma prière : Seigneur Jésus, aide-moi à ne rechercher qu'une seule chose : te plaire dans les moindres détails de ma vie. Merci parce que tu ne m'abandonneras jamais.

5
août

L'empereur se rendit en toute hâte à la fosse aux lions. "Daniel, cria-t-il, serviteur du Dieu vivant, ton Dieu que tu sers avec tant de persévérance a-t-il pu te délivrer des lions ?" Alors Daniel répondit à l'empereur : "Mon Dieu a envoyé son ange qui a fermé la gueule des lions, de sorte qu'ils ne m'ont fait aucun mal, parce que j'ai été reconnu innocent devant lui tout comme je n'ai pas commis de faute envers toi, Majesté !

Darius savait que Daniel était innocent. Mais il n'a pas pu le sauver. Si Daniel n'a pas été croqué, c'est uniquement parce que Dieu l'a reconnu innocent.

Même si les hommes me reconnaissaient comme la meilleure personne de la terre, la plus généreuse, la plus gentille, la plus serviable, cela ne me sauverait pas de la mort éternelle. Pour être sauvé, il faut être reconnu innocent par Dieu. Si je puis l'être, c'est parce que le seul vrai innocent, Jésus-Christ, a échangé son innocence contre mon péché.

Ma prière : Merci, Seigneur Jésus, parce que toi qui étais innocent, tu es mort pour moi, pour me donner la vie éternelle. Que ton amour est merveilleux !

6

août

Je regardai dans mes visions nocturnes: Sur les nuées du ciel, je vis venir quelqu'un semblable à un fils d'homme. Il s'avança jusqu'au vieillard âgé de nombreux jours et on lui donna la souveraineté, et la gloire et la royauté, et tous les peuples, toutes les nations, les hommes de toutes les langues lui apportèrent leurs hommages. Sa souveraineté est éternelle, elle ne passera jamais, et quant à son royaume, il ne sera jamais détruit.

Dieu se révèle à Daniel dans une vision. Daniel le voit comme un vieillard. Cette image nous fait penser à l'éternité de Dieu.

Voilà quelqu'un qui vient vers lui… Qui est ce "fils de l'homme"? C'est Jésus. Les hommes l'ont rejeté, humilié et crucifié, mais Daniel voit le Dieu éternel lui donner les honneurs, la gloire, la puissance et la royauté pour toujours.

Ma prière: Seigneur Jésus, je suis heureux et fier de pouvoir te dire comme l'apôtre Jean dans l'Apocalypse: "A celui qui nous aime, et qui nous a lavés de nos péchés dans son sang, à lui la gloire et la force aux siècles des siècles! Amen."

7 août

J'adressai ma requête à l'Éternel mon Dieu et je lui fis une confession : "Nous avons mal agi, nous nous sommes rendus coupables et nous nous sommes révoltés contre toi en nous détournant de tes lois. Certes, ce n'est pas à cause de nos actions justes que nous te prions et t'adressons nos supplications, mais à cause de ton immense compassion ! Seigneur, écoute-nous ! Seigneur, pardonne ! Seigneur, prête-nous attention et interviens sans tarder, par égard pour toi-même, ô mon Dieu !

Daniel est l'un des rares hommes de l'Ancien Testament dont il ne nous est rapporté aucune faute. Pourtant, il fait dans ces versets une très belle prière de repentance et de confession. La Bible ne nous dit pas que Daniel n'a jamais péché, mais cette prière nous montre qu'il avait l'habitude de tout confesser à Dieu. C'est cette attitude de confession que Dieu veut nous laisser en exemple.

Ma prière : Merci, Père céleste, parce que tu as jeté tous mes péchés derrière ton dos grâce au sacrifice de ton Fils. Merci parce que tu ne te souviendras que du bien que tu as semé dans mon cœur.

8
août

"Sois sans crainte, Daniel; car, dès le premier jour où tu as appliqué ton cœur à comprendre et à t'humilier devant ton Dieu, ta prière a été entendue."

Daniel a toujours recherché la pensée de Dieu dans les livres bibliques qu'il avait à sa disposition. On le voit en particulier lire le livre du prophète Jérémie.

Mais il n'est pas devenu orgueilleux, fier de son savoir et de sa connaissance de la Bible et de Dieu. Au contraire, cela l'a amené à se rendre compte de la grandeur de Dieu et de la nécessité de l'aimer et de le respecter.

Dieu n'a pas attendu que Daniel ait toute cette connaissance pour écouter ses prières: au contraire! Il envoie un ange exprès pour dire à Daniel qu'il l'a écouté "dès le premier jour"!

Ma prière: Merci, Dieu et Père, parce que tu aimes me voir grandir en connaissance et en humilité, mais que tu n'attends pas que je sois au top pour écouter mes prières et pour y répondre.

9
août

Qui que tu sois qui condamnes, tu n'as aucune excuse, car en jugeant les autres, tu te condamnes toi-même, puisque toi qui les juges, tu te conduis comme eux. Or, nous savons que le jugement de Dieu contre ceux qui agissent mal est conforme à la vérité.

"C'est pas juste, maître, s'écrie Lise. Renaud a triché!" Calmement, le maître demande à Lise ce qu'elle en pense. Lise n'aime pas beaucoup Renaud, aussi suggère-t-elle de lui mettre un zéro… Le maître a l'air d'être d'accord… et Lise commence à se réjouir secrètement. Mais soudain, avec horreur, elle l'entend annoncer: "C'est vrai que c'est mal de tricher et que cela mérite une punition. Tu as bien fait de me le rappeler… Je dois donc te mettre deux zéros parce que tu as copié deux fois la semaine dernière!"

Ma prière: Seigneur Jésus, toi qui as pris sur toi tous mes péchés, aide-moi à savoir reconnaître ce qui est mal, sans pour autant juger et condamner ceux qui le font.

10 août

Personne ne sera déclaré juste devant lui parce qu'il aura accompli les œuvres demandées par la Loi. En effet, la Loi donne seulement la connaissance du péché.

Il nous fait bien rigoler, Pierrot! Ça fait à peine une semaine qu'il est arrivé et il enchaîne les gaffes les unes après les autres! Le premier jour, à la première récré, il a sorti un ballon de son cartable et a commencé à jouer sous le préau. Le directeur était vraiment fâché! Le lendemain, c'est le maître qui a vu rouge quand il l'a trouvé avec une Game Boy®! Interdit aussi! Et hier, morts de rire: il s'est trompé de vestiaire! Il est allé se changer chez les filles! Mais le maître a dit que ce n'était pas de sa faute puisqu'il n'avait pas encore reçu le règlement intérieur. Mais maintenant qu'il l'a, il n'aura plus d'excuse!

Le règlement intérieur, c'est un peu comme la loi. Ce n'est pas parce qu'on le respecte que l'on va passer en classe supérieure, mais c'est lui qui nous dit ce qui est bien ou mal.

Ma prière: Dieu et Père, je reconnais que je suis pécheur et que je ne peux pas être déclaré juste grâce à ce que je fais, mais grâce à la mort de ton Fils, mon Seigneur Jésus-Christ.

11
août

Dieu déclare les hommes justes par leur foi en Jésus-Christ, et cela s'applique à tous ceux qui croient, car il n'y a pas de différence entre les hommes. Tous ont péché, en effet, et sont privés de la glorieuse présence de Dieu, et ils sont déclarés justes par sa grâce ; c'est un don que Dieu leur fait par le moyen de la délivrance apportée par Jésus-Christ.

Prends des crayons de couleur et souligne dans ces versets :
　　• en rouge ce que Dieu te demande pour te déclarer juste.
　　• en bleu comment Dieu te déclare juste.

Pour savoir si tu as juste, demande à tes parents ou vas voir sur http://sur.la.montagne.free.fr/

Ma prière : Mon Dieu et mon Père, merci de tout mon cœur pour cette délivrance merveilleuse que tu m'as donnée par ton Fils Jésus-Christ, mon Sauveur. Merci parce que tu m'apprends à croire en lui et à lui faire confiance.

Ce sacrifice montre aussi la justice de Dieu dans le temps présent, car il lui permet d'être juste tout en déclarant juste celui qui croit en Jésus.

Dieu est un juge. Un juge parfaitement juste.
Les hommes sont pécheurs : ils refusent d'obéir à Dieu. Ils ne méritent donc que son rejet.
Mais Dieu aime les hommes et il désire les voir échapper à cette condamnation.

Si Dieu condamne sans sauver, où est son amour ?
Si Dieu sauve un coupable, où est sa justice ?

Pour que son amour et sa justice puissent marcher ensemble, Dieu a envoyé son Fils pour prendre nos péchés. Il l'a condamné à notre place.
Si je reconnais cela, Dieu ne voit plus mon péché : il peut me déclarer juste.

Ma prière : Père céleste, que tu es grand et merveilleux ! Ton amour est sans limite. Merci parce que tu as trouvé un moyen pour me délivrer tout en restant parfaitement juste.

13 août

Reste-t-il encore une raison de se vanter ? Non, cela est exclu. Pourquoi ? Parce que ce qui compte, ce n'est plus le principe du mérite, mais celui de la foi.

Pour passer dans la classe supérieure, il faut avoir de bonnes notes. Pour obtenir ces bonnes notes, il faut travailler. Si l'on "passe", c'est donc qu'on l'a mérité ! Ce n'est pas une faveur, un cadeau que l'on nous fait, mais un droit, parce qu'on a réussi et qu'on a montré ce dont on était capable.

Par contre, on reçoit chaque jour des choses que l'on ne mérite pas : quand ta maman t'appelle pour passer à table, tu ne te poses pas la question : "Est-ce que j'ai été assez sage pour mériter mon repas ? Est-ce que maman va me donner quelque chose à manger ?" Tu as confiance en ta maman, tu sais qu'elle te donne toujours à manger, non pas pour ta sagesse, mais parce qu'elle t'aime et qu'elle veut te voir grandir.

À ton avis, as-tu mérité le salut que Dieu te donne ?

Ma prière : Merci, tendre Père, parce que je n'ai pas à mériter ton salut en faisant des tas de choses. Merci parce que je le reçois simplement en me confiant en Jésus-Christ.

14
août

Jésus notre Seigneur a été livré pour nos fautes, et Dieu l'a ressuscité pour que nous soyons déclarés justes.

Pour que nos péchés ne nous écrasent pas, il n'y avait qu'une solution : les faire porter par quelqu'un d'autre. Seulement, il fallait que ce "quelqu'un" soit sans péché... Il n'existait qu'un seul homme sans péché : Jésus, le Fils de Dieu, venu exprès sur la terre. À la croix, Jésus a été livré pour nos fautes. Dieu l'a rejeté. Il a fermé son ciel pendant trois heures. Puis, Jésus est mort, et tous nos péchés avec lui.
Mais peut-on être sûr que ce sacrifice est valable ? Dieu a-t-il vraiment accepté de faire payer à Jésus le prix de TOUS nos péchés ? Oui ! C'est pour cela que Dieu l'a ressuscité : pour prouver à tous qu'il a été honoré par la parfaite obéissance de Jésus, et que nous sommes parfaitement justes maintenant que ce sacrifice a été accompli.

Ma prière : Seigneur Jésus, rien n'est plus grand, rien n'est plus beau que ce que tu as fait à la croix pour la gloire de ton Père et pour me déclarer juste.

Au moment fixé par Dieu, alors que nous étions encore sans force, le Christ est mort pour des pécheurs. À peine accepterait-on de mourir pour un juste ; peut-être quelqu'un aurait-il le courage de mourir pour le bien. Mais voici comment Dieu nous montre l'amour qu'il a pour nous : alors que nous étions encore des pécheurs, le Christ est mort pour nous.

Lors d'une promenade, André est tombé dans un trou profond. Il a très peur et pleure très fort. Un autre promeneur l'entend et s'approche. Comme il n'a pas de corde, il descend dans la crevasse et aide André à sortir en le faisant grimper sur ses épaules. Mais lui doit attendre l'arrivée des secours pour pouvoir sortir !

Ils sont maintenant bons amis. Mais heureusement que ce promeneur n'a pas attendu qu'André lui prouve son amitié pour le faire sortir de son trou !

Ma prière : Merci, Seigneur Jésus, parce que tu as tout fait pour me sauver quand tu as vu que je ne pouvais pas m'en sortir tout seul. Merci parce que tu as aimé les hommes sans attendre qu'ils t'aiment.

16 août

Spécial thème
"Qui suis-je"

Celui qui est uni au Christ est une nouvelle créature.

Mon voisin vient d'aller rechercher sa voiture chez son garagiste. C'est un beau modèle, d'une grande marque et bien conçu. Hélas, elle a eu un défaut de fabrication. Elle avait de la peine à démarrer et fumait énormément! Il a fallu changer toute l'électronique. Maintenant, on ne la reconnaît plus!
Bien sûr, si on va aujourd'hui en acheter une neuve, le problème est déjà corrigé.

Certaines personnes sont comme la voiture de mon voisin: elles ont vécu avant d'être "réparées", c'est-à-dire sauvées en acceptant Jésus comme Seigneur. D'autres ont entendu parler de Jésus depuis toujours et ont été sauvées plus tôt.
Mais nous naissons tous pécheurs, nous avons tous besoin du salut et nous pouvons tous être une nouvelle créature.

Ma prière: Seigneur Jésus, merci parce que je suis une nouvelle créature. Aide-moi à le croire et à le comprendre tous les jours un peu mieux, pour pouvoir le voir dans tous les détails de ma vie.

17
août

Spécial thème
"Qui suis-je"

En Jésus-Christ, Dieu nous avait choisis pour que nous soyons saints et sans reproche devant lui.

Phil venait de déménager et il n'avait aucun ami. En attendant la rentrée, il errait tristement dans les rues. Il finit par remarquer un voisin handicapé, toujours souriant malgré son fauteuil roulant, et qui parlait souvent d'un certain Jésus. Phil ne l'aimait pas beaucoup : il ne comprenait pas qu'il soit heureux dans de telles conditions alors que lui, Phil, n'était jamais content ! Un jour, il vit le jeune homme sortir de chez lui dans son fauteuil roulant et essayer vainement d'ouvrir le portail. Après de nombreux efforts, il dut abandonner et rentra en maugréant, non sans avoir secoué une dernière fois le portail d'un geste rageur, Phil courut vers lui et s'exclama, triomphant : "Je vous ai vu ! Vous vous êtes mis en colère ! Et moi qui croyais que vous étiez un saint !" Ayant retrouvé le sourire, le jeune homme lui dit d'un air malicieux : "Mais je suis un saint !" Et il lui expliqua que le vrai sens du mot "saint" n'est pas "parfait", mais : QUI APPARTIENT À DIEU.

Ma prière : Père éternel, merci parce que je suis un saint. Merci parce que tu m'as choisi pour t'appartenir.

18 août

Spécial thème
"Qui suis-je"

Puisque vous êtes bien ses fils, Dieu a envoyé dans nos cœurs l'Esprit de son Fils qui crie : Abba, c'est-à-dire "Père".

Il y a quelques années, quand les enfants n'avaient pas le droit de parler à table et qu'ils portaient des uniformes, les papas se faisaient appeler "Père" et les enfants les vouvoyaient. Maintenant, les habitudes ont changé : les enfants ont plus de liberté et ils peuvent discuter plus facilement avec leur père, qu'ils appellent "papa".

Dans son évangile, Jean a écrit que tous ceux qui ont cru au Seigneur Jésus ont le privilège de devenir enfants de Dieu. Donc, c'est sûr, c'est vrai, tu es un fils ou une fille de Dieu. Mais comment t'approches-tu de lui ? Est-il pour toi un père un peu impressionnant, devant lequel il faut se tenir bien droit et auquel tu ne peux parler que s'il t'interroge ? Ou bien est-il un "papa" plein d'amour, auquel tu peux raconter tes soucis, tes peurs et tes chagrins ?

Ma prière : Cher Père, merci parce que je suis ton enfant. Merci parce que j'ai le doit de t'appeler "papa" grâce au sacrifice du Seigneur Jésus et au travail de ton Esprit dans mon cœur.

19 août

Spécial thème
"Qui suis-je"

Ainsi donc, tu n'es plus esclave, mais fils, et, puisque tu es fils, tu es héritier des biens promis, grâce à Dieu.

Il y a de plus en plus de gens qui ne possèdent que la chemise qu'ils ont sur le dos... Mais il y a aussi quelques personnes qui sont de plus en plus riches ! Le sultan de l'île de Bruneï, par exemple, siège sur un trône tout en or et son palais contient 1780 pièces... C'est l'homme le plus riche du monde.
Mais je connais quelqu'un de plus riche encore ; tu as deviné ? C'est Dieu. Tout l'univers lui appartient. Et le ciel est rempli de ses richesses !
Eh bien, il veut partager tout cela avec toi. Tu es son enfant, donc tu es son héritier.
Sur la terre, on hérite des affaires de quelqu'un quand il meurt. Mais Dieu est éternel, il ne mourra jamais ! Alors, nous n'hériterons jamais ? Au contraire : nous hériterons toujours ! C'est-à-dire que, dès maintenant, nous possédons les richesses du ciel. C'est difficile à imaginer, mais Dieu nous demande juste de croire !

Ma prière : Dieu tout puissant, merci parce que je suis ton héritier. Tu veux me faire profiter de ta gloire pendant l'éternité, et de tes richesses dès aujourd'hui.

20 août

Spécial thème
"Qui suis-je"

Je vous appelle mes amis, parce que je vous ai fait part de tout ce que j'ai appris de mon Père. Ce n'est pas vous qui m'avez choisi. Non, c'est moi qui vous ai choisis.

Depuis que tu as cru au Seigneur Jésus, tu es un enfant de Dieu. Puisque Jésus est le Fils de Dieu, tu es son frère ou sa sœur! C'est lui-même qui le dit dans la Bible. C'est merveilleux, tu ne trouves pas?
Mais il dit aussi que nous sommes ses amis, et c'est presque plus beau encore:
On ne choisit pas ses frères et sœurs, alors que ses amis, on les choisit. L'amitié est un cadeau merveilleux que l'on partage avec eux.
Le Seigneur Jésus nous a choisis pour être ses amis. Il veut nous dire ses secrets, il veut partager nos joies et nos peines
C'est le meilleur des meilleurs amis.

Ma prière: *Seigneur Jésus, merci parce que je suis ton ami. Aide-moi à en profiter et à tout partager avec toi.*

21 août

Spécial thème
"Qui suis-je"

Votre vie est cachée avec le Christ en Dieu.

Voilà tout un groupe de touristes qui, malgré le froid terrible, se promène dans cette forêt du canada. Mais que cherchent-ils donc ? Les pauvres, ils voudraient voir des ours... Mais comme tu le sais sûrement, à la fin de l'automne, l'ours creuse un terrier, le tapisse de branches et d'herbes et rampe à l'intérieur. La maman peut alors donner naissance à ses petits et les allaiter bien à l'abri. Ce n'est qu'au printemps qu'ils sortiront, dans une nature renouvelée et propre à leur épanouissement.

Aujourd'hui, pour nous chrétiens, le monde c'est comme un hiver... Pas de nourriture. Pas d'endroit où l'on puisse de reposer sans mourir de froid, c'est-à-dire être saisi par le péché. Par contre, notre Père céleste veut garder notre esprit tout près de lui, nous nourrir de sa Parole, de son amour.

Ma prière : Seigneur Jésus, merci parce que je suis caché avec toi en Dieu. Merci parce que j'y suis bien. Aide-moi à rester toujours bien près de toi.

22 août

Spécial thème "Qui suis-je"

Ce que je suis à présent, c'est à la grâce de Dieu que je le dois.

C'est les vacances. Tu as du temps ?
Alors voilà un jeu pour te faire encore plus découvrir qui tu es. Cherche dans ta Bible les mots manquants.

Je suis le . . . . . . de la terre   (MATTHIEU 5. 13)

Je suis la . . . . du monde   (MATTHIEU 5.14)

Je suis un . . . .   (JEAN 1. 12)

Je suis . . . . de Christ   (JEAN 15. 15)

Je suis . . . . de Christ   (ROMAINS 8. 17)

Je suis . . . . de Dieu   (ROMAINS 6. 22)

Je suis . . . . de Dieu   (ROMAINS 8. 14)

Je suis . . . .   (EPHESIENS 1. 4)

Je suis . . . . des cieux   (PHILIPPIENS 3. 20)

Je suis . . . . .par Dieu   (COLOSSIENS 3. 12)

Je suis le . . . . .de Dieu   (1 CORINTHIENS 3.16)

Ma prière : Tendre Père, merci parce que tu m'as aimé tel que j'étais. Merci parce que tu n'as pas attendu que je sois parfait pour me sauver. Merci pour tout ce que je suis depuis que je suis à toi.

23
août

Même mon meilleur ami, en qui j'avais mis ma confiance, celui qui partageait mon pain, s'est tourné contre moi.

Il existe un proverbe qui dit que l'on n'est trahi que par les siens. Si, comme David, tu as déjà été trahi par l'un de tes amis, tu sais combien cela fait mal. On est doublement blessé : par le mal qui nous est fait, et par le fait que c'est un ami qui nous le fait.

Mais rassure-toi, quelqu'un peut guérir cette blessure. C'est Jésus. Lui aussi a été trahi par l'un de ses amis : Judas. Dans la Bible, le nom de ce traître est presque toujours associé à sa faute : "Judas Iscariot, celui qui a trahi Jésus".

Puisque ton Sauveur a connu la trahison, il pourra chasser de ton cœur la déception, l'amertume et peut-être aussi l'envie de vengeance qui viennent si souvent à l'esprit dans ces cas-là.

Ma prière : Seigneur Jésus, merci parce que tu es venu vivre et souffrir sur la terre. Merci parce que maintenant tu me comprends et tu veux m'aider. Aide-moi à te dire toutes mes peines.

24
août

Comme un cerf qui soupire après l'eau des ruisseaux, de même je soupire après toi, ô mon Dieu.

Andy est fatigué. Le troisième trimestre est si long! Les leçons sont de plus en plus difficiles à apprendre… Vivement les vacances! Laure, elle, en a assez de travailler pour accumuler les diplômes. Elle sait bien que les études sont nécessaires, mais elle à hâte d'avoir enfin un métier et de gagner sa vie. Bernard est un bon père de famille : il travaille dur, mais languis d'être à la retraite.

Comme eux, l'auteur de ce psaume est fatigué. Il a beaucoup de difficultés et désire autre chose. Des vacances, la retraite ? Non, ce qu'il désire, c'est la paix de Dieu.

Aujourd'hui plus que jamais, le monde offre des choses à désirer. Il y en a pour tous les goûts! Mais attention, ces choses ne durent qu'un temps et nous font souvent oublier l'essentiel : notre Père céleste, la paix qu'il veut nous donner sur la terre, et la gloire de l'éternité.

Ma prière : Père tout-puissant, travaille dans mon cœur pour en chasser les désirs du monde et y placer un seul désir, celui d'être tout près de toi.

25 août

Pourquoi donc, ô mon âme, es-tu si abattue et gémis-tu sur moi ? Mets ton espoir en Dieu ! Je le louerai encore, mon Sauveur et mon Dieu.

Les psaumes sont des chants. Ce verset est le refrain des psaumes 42 et 43. Dans ces deux chants, l'auteur est triste et se sent même abandonné de Dieu. Mais, dans ce refrain, il se secoue ! Il se parle à lui-même pour constater qu'il pense trop à lui. Pourtant, il connaît le remède à tous ses problèmes. Alors, il s'encourage lui-même à regarder à son Dieu, à son Sauveur.

Ma prière : Seigneur Jésus, quand je sens que tout va mal, donne-moi la force de rejeter loin ma tristesse. Aide-moi à penser à toi pour avoir une raison de chanter, afin de retrouver mon bonheur.

26 août

Mon cœur est tout vibrant de paroles très belles. Mon œuvre est pour le roi! Je voudrais que ma langue soit comme le roseau d'un habile écrivain.

C'est la fête des mères. Comme chaque année, les enfants ont appris une poésie ou fait un petit bricolage en classe. Ils sont tout fiers d'avoir travaillé pour faire plaisir à leur maman chérie. Cette année, Nathanaël n'a pas appris de poème. Alors, il a voulu en écrire un lui-même. Il a pensé très fort à sa maman et lui a écrit quelque chose de joli, rien que pour elle. Quelque chose qui vient de son cœur.

Ce psaume est comme un chant d'honneur pour un roi qui va se marier. Rien n'est trop beau pour un roi, surtout un roi plein d'amour!

Notre Roi, notre Seigneur, c'est Jésus. C'est merveilleux de pouvoir chanter des cantiques en son honneur, pour le louer! Mais nous pouvons aussi chercher quelque chose à lui dire, que nous inventons rien que pour lui, pour lui montrer notre amour. Même si ce n'est presque rien, si cela vient de notre cœur, il saura l'apprécier.

Ma prière: Seigneur Jésus, remplis mon cœur d'amour pour toi et aide-moi à trouver les mots pour te le dire.

27 août

Entends, ma fille, et vois! Écoute-moi: Ne pense plus à ton peuple et à ta famille. Car le roi est épris de ta beauté! Lui, il est ton seigneur, prosterne-toi donc devant lui!

Pour nous parler de son amour pour nous, notre Seigneur utilise des images très fortes. Une des images les plus fortes est celle de l'épouse. Dans la Bible, il compare les croyants à une femme qu'il aime d'un amour profond.

Dans ce psaume, cette épouse est étrangère. Elle est encouragée à ne pas regretter le peuple qu'elle a laissé. Par contre, elle doit considérer l'amour que lui porte son Roi et l'adorer pour cela.

Nous aussi, nous sommes comme des étrangers. Quel est le pays que nous devons quitter? Le monde, bien sûr! Et quel est le remède pour abandonner cet ancien pays sans regret et pour s'attacher à notre Seigneur? Penser à son amour: lire dans les évangiles tout ce qu'il a fait pour nous et rechercher à la fin de chaque journée le bien qu'il nous fait.

Ma prière: Seigneur Jésus, merci pour ton amour immense. aide-moi à y penser et à le voir dans tous les détails de ma vie.

28 août

Dieu est pour nous un rempart, il est un refuge, un secours toujours offert lorsque survient la détresse.

D'après la loi de Moïse, on ne devait pas mettre à mort un homme qui avait tué quelqu'un par accident. Mais Dieu savait que, hélas, le désir de vengeance est parfois si fort qu'on ne chercherait pas à savoir si le coupable avait fait exprès ou non... Alors, dans sa miséricorde, il avait donné à son peuple 6 villes de refuge. Si quelqu'un avait provoqué involontairement la mort, il pouvait aller s'y abriter jusqu'à ce que le jugement soit rendu. Mais encore fallait-il y courir... et y arriver avant d'être rattrapé par ceux qui voulaient venger leur ami ou leur frère !

Pour l'auteur de ce psaume, Dieu était comme une ville de refuge, toujours près de lui. Notre Seigneur est aussi pour nous un refuge. En lui, nous sommes éternellement à l'abri de la colère de Dieu contre le péché. Mais nous pouvons aussi trouver en lui un refuge de tous les instants.

Ma prière : Dieu et Père, merci parce que tu m'as abrité à tout jamais du péché. Merci aussi pour ta protection de chaque jour. Aide-moi à me confier en toi.

29 août

Chantez à Dieu ! Chantez ! Chantez pour notre roi ! Oui, chantez-le ! Car Dieu est Roi du monde entier. Chantez pour lui de tout votre art !

Je ne sais pas si tu aimes chanter, mais une chose est sûre, c'est que ton Père céleste, lui, aime t'entendre chanter des cantiques !

Toute la Bible est marquée par le chant. Le livre des psaumes est le plus long de la Bible, et c'est un recueil de chants ! Du début de la Genèse à la fin de l'Apocalypse, on voit ceux qui aiment Dieu chanter des cantiques.

Alors, suis le conseil de l'apôtre Jacques : si tu es joyeux, chante des cantiques !

Ma prière : Père céleste, merci parce que tu as rempli mon cœur de joie ! Aide-moi à ne pas oublier de chanter cette joie, sans honte.

30 août

Tous ceux qui étaient devenus des croyants vivaient dans une parfaite unité de cœur et d'esprit. Personne ne se prétendait propriétaire de ses biens, mais ils partageaient tout ce qu'ils avaient.

Voilà les pensées des premiers croyants. Ils étaient tellement reconnaissants à Dieu d'avoir envoyé son Fils pour les sauver de leurs péchés, qu'ils lui avaient tout donné.
• Ils lui avaient donné leur cœur: ils aimaient ce que Dieu aime (son Fils, leurs frères et sœurs, tous les hommes, le bien…) et ils haïssaient ce que Dieu hait (le mensonge, l'égoïsme, le mal…).
• Ils lui avaient donné leur esprit: ils voulaient avoir la même pensée que Dieu sur toute chose.
• Ils lui avaient donné leurs biens: ils considéraient que tout ce qu'ils avaient était désormais la propriété de leur Seigneur et non plus la leur.
Ils aimaient donc tous la même chose, pensaient la même chose et possédaient les mêmes choses. Ils étaient unis par leur désir de vivre près de Dieu.

Ma prière: Père céleste, donne-moi ce désir de te donner toute ma vie. que cela puisse me rapprocher de ceux que j'aime.

31 août

Aucun d'eux n'était dans le besoin, car ceux qui possédaient des champs ou des maisons les vendaient, apportaient le produit de la vente et le remettaient aux apôtres : ceux-ci le répartissaient alors entre tous et chacun recevait ce dont il avait besoin.

Nous qui vivons dans un pays riche comme la France, nous avons de la peine à imaginer combien la vie était dure à l'époque du Nouveau Testament. Quelques personnes étaient très riches et vivaient dans le luxe, mais la plupart étaient très pauvres. Il n'y avait aucune sécurité. Un ouvrier pouvait être renvoyé du jour au lendemain, sans pouvoir protester. Si un père de famille mourait, sa veuve était obligée de travailler pour ne pas mourir de faim.

L'amour de Dieu versé dans le cœur de ces nouveaux croyants ne pouvait supporter cela. Alors il les poussait à tout partager.

Autour de nous, tout le monde a sûrement de quoi se vêtir et se nourrir, mais nous pouvons aider ceux qui se trouvent plus loin, dans des pays moins favorisés. Et n'y a-t-il pas autre chose à partager que l'argent ?

Ma prière : Père plein d'amour, aide-moi à partager.